www.ingramcontent.com/pod-product-compliance
Lightning Source LLC
LaVergne TN
LVHW010358070526
838199LV00065B/5851
* 9 7 8 9 3 6 9 0 8 8 2 2 5 *

شوخیٔ تحریر

(حصہ اول)

مرتب:

تنویر حسین

© Tanvir Hussain

Shokhii-e-Tahreer : Part-1 *(Humorous Essays)*
by: Tanvir Hussain
Edition: February '2025
Publisher :
Taemeer Publications LLC (Michigan, USA / Hyderabad, India)

ISBN 978-93-6908-822-5

مرتب یا ناشر کی پیشگی اجازت کے بغیر اس کتاب کا کوئی بھی حصہ کسی بھی شکل میں بشمول ویب سائٹ پر اَپ لوڈنگ کے لیے استعمال نہ کیا جائے۔ نیز اس کتاب پر کسی بھی قسم کے تنازع کو نمٹانے کا اختیار صرف حیدرآباد (تلنگانہ) کی عدلیہ کو ہو گا۔

© تنویر حسین

کتاب	:	**شوخیٔ تحریر** (حصہ اول)
مرتب	:	**تنویر حسین**
صنف	:	طنز و مزاح
ناشر	:	تعمیر پبلی کیشنز (حیدرآباد، انڈیا)
سالِ اشاعت	:	۲۰۲۵ء
صفحات	:	۱۱۲
سرورق ڈیزائن	:	تعمیر ویب ڈیزائن

فہرست

(۱)	چارپائی	رشید احمد صدیقی	6
(۲)	دھوبی	رشید احمد صدیقی	14
(۳)	گھاگ	رشید احمد صدیقی	25
(۴)	الشذری	عظیم بیگ چغتائی	30
(۵)	ممتحن کا پان	عظیم بیگ چغتائی	51
(۶)	یہ کس کی تصویر ہے	عظیم بیگ چغتائی	63
(۷)	کتے	پطرس بخاری	80
(۸)	مرحوم کی یاد میں	پطرس بخاری	86
(۹)	لاہور کا جغرافیہ	پطرس بخاری	105

رشید احمد صدیقی

چارپائی

چارپائی اور مذہب ہم ہندوستانیوں کا اوڑھنا بچھونا ہے۔ ہم اسی پر پیدا ہوتے ہیں اور یہیں سے مدرسہ، آفس، جیل خانے کونسل یا آخرت کا راستہ لیتے ہیں۔ چارپائی ہماری گھٹی میں پڑی ہوئی ہے۔ ہم اس پر دوا کھاتے ہیں۔ دعا اور بھیک بھی مانگتے ہیں۔ کبھی فکر سخن کرتے ہیں اور کبھی فکر قوم، اکثر فاقہ کرنے سے بھی باز نہیں آتے۔ ہم کو چارپائی پر اتنا ہی اعتماد ہے جتنا برطانیہ کو آئی سی ایس پر۔ شاعر کو قافیہ پر یا طالب علم کو غل غپاڑے پر۔

چارپائی کی پیڑھی دور چل کر دیو جانس کلبی کے خم سے جا ملتی ہے۔ کہا جاتا ہے کہ تمام دنیا سے منہ موڑ کر دیو جانس ایک خم میں جا بیٹھا تھا۔ ہندوستانی تمام دنیا کو چارپائی کے اندر سمیٹ لیتا ہے۔ ایک نے کثرت سے وحدت کی طرف رجوع کیا۔ دوسرے نے وحدت میں کثرت کو سمیٹا۔

ہندوستانی ترقی کرتے کرتے تعلیم یافتہ جانور ہی کیوں نہ ہو جائے اس سے اس کی چارپائیت نہیں جدا کی جا سکتی۔ اس وقت ہندوستان کو دو معرکے درپیش ہیں۔ ایک سوراج کا دوسرا روشن خیال بیوی کا۔ دراصل سوراج اور روشن خیال بیوی دونوں ایک ہی مرض کی دو علامتیں ہیں۔ دونوں چارپائیت میں مبتلا ہیں۔ سوراج تو وہ ایسا چاہتا ہے جس میں انگریز کو حکومت کرنے اور ہندوستانی کو گالی دینے کی آزادی ہو۔ اور بیوی

ایسی چاہتا ہے جو گر بجوایٹ ہو لیکن گالی نہ دے۔

اس طور پر ہندوستانی شوہر اور تعلیم یافتہ بیوی کے درمیان جو کھینچ تان ملتی ہے اس کا ایک سبب یہ بھی ہے کہ شوہر چارپائی پر سے حکومت کرنا چاہتا ہے اور بیوی ڈرائنگ روم سے گھنٹی بجاتی ہے۔ روشن خیال بیوی شہرت کی آرزومند ہوتی ہے۔ دوسری طرف شوہر یہ چاہتا ہے کہ بیوی تو صرف فرد خاندان ہونے پر صبر کرے اور خود فخر خاندان نہیں بلکہ فخر کائنات قرار دیا جائے۔

موتی لال نہرو رپورٹ سے پہلے ہندوستانیوں پر دو مصیبت نازل تھیں۔ ایک ملیریا کی دوسری مس میو المعروف بہ مادر ہند کی۔ ملیریا کا انسداد کچھ تو کونین سے کیا گیا بقیہ کا کثرتِ اموات سے۔ مس میو کے تدارک میں ہندو مسلمان دونوں چارپائی پر سربزانو اور چوراہوں پر دست و گریباں ہیں۔ نہرو رپورٹ اور مادر ہند دونوں میں ایک نسبت ہے ایک نے مسلمانوں کے سیاسی حقوق کو اہمیت نہ دی۔ دوسری نے ہندوؤں کے معاشرتی رسوم و روایات کی توہین کی!

مادرِ ہند کے بارے میں چارپائی نشینوں کی یہ رائے ہے کہ اس کتاب کے شائع ہونے سے ان کو ہندوستانیوں سے زیادہ مس میو کے بارے میں رائے قائم کرنے کا موقع ملا۔ ان کا یہ بھی خیال ہے کہ اگر سارے ہندوستان سے شمار و اعداد اور مواد اکٹھا کرنے کے بجائے موصوفہ نے صرف ہم ہندوستانیوں کی چارپائی کا جائزہ لیا ہوتا تو ان کی تصنیف اس سے زیادہ دلچسپ ہوتی جتنی کہ اب ہے۔

چارپائی ہندوستانیوں کی آخری جائے پناہ ہے۔ فتح ہو یا شکست وہ رخ کرے گا ہمیشہ چارپائی کی طرف۔

پھر وہ چارپائی پر لیٹ جائے گا۔ گائے گا، گالی دے گا یا مناجات بدرگاہ قاضی الحاجات پڑھنا شروع کردے گا۔

فن جنگ یا فن صحافت کی رو سے آج کل اس طرح کے وظائف ضروری اور نفع بخش خیال کیے جاتے ہیں۔ جس طرح ہر مالدار شریف یا خوش نصیب نہیں ہوتا اس طرح ہر چارپائی نہیں ہوتی۔ کہنے کو تو پلنگ پلنگڑی۔ چوکھٹ مسہری۔ سب پر اس لفظ کا اطلاق ہوتا ہے لیکن سیاسی لیڈروں کے سیاسی اور مولویوں کے مذہبی تصور کے مانند چارپائی کا صحیح مفہوم اکثر متعین نہیں ہوتا۔

چارپائی کی مثال ریاست کے ملازم سے دے سکتے ہیں۔ یہ ہر کام کے لیے ناموزوں ہوتا ہے اس لیے ہر کام پر لگا دیا جاتا ہے۔ ایک ریاست میں کوئی صاحب ''ولایت پاس'' ہو کر آئے۔ ریاست میں کوئی اسامی نہ تھی جوان کو دی جا سکتی۔ آدمی سوجھ بوجھ کے تھے راجہ صاحب کے کانوں تک یہ بات پہنچا دی گر کوئی جگہ نہ ملی تو وہ لاٹ صاحب سے طے کر آئے ہیں۔ راجہ صاحب ہی کی جگہ پر اکتفا کریں گے۔ ریاست میں ہلچل مچ گئی۔ اتفاق سے ریاست کے سول سرجن رخصت پر گئے ہوئے تھے۔ یہ ان کی جگہ پر تعینات کر دیئے گئے۔ کچھ دنوں بعد سول سرجن صاحب واپس آئے تو انجینئر صاحب پر فالج گرا۔ ان کی جگہ ان کو دے دی گئی۔ آخری بار یہ خبر سنی گئی کہ وہ ریاست کے ہائی کورٹ کے چیف جسٹس ہو گئے تھے اور اپنے ولی عہد کو ریاست کے ولی عہد کا مصاحب بنوا دینے کی فکر میں تھے۔

یہی حالت چارپائی کی ہے فرق صرف یہ ہے کہ ان ملازم صاحب سے کہیں زیادہ کارآمد ہوتی ہے! فرض کیجئے آپ بیمار ہیں سفر آخرت کا سامان میسر ہو یا نہ ہو اگر چارپائی آپ کے پاس ہے تو دنیا میں آپ کو کسی اور چیز کی حاجت نہیں۔ دوا کی پڑیہ تکیئے کے نیچے۔ جوشاندہ کی دیگچی سرہانے رکھی ہوئی۔ بڑی بیوی طبیب چھوٹی بیوی خدمت گزار۔ چارپائی سے ملا ہوا بول و براز کا برتن۔ چارپائی کے نیچے میلے کپڑے، مچھر، بھنگے گھر یا محلے کے دو ایک بچے جن میں ایک آدھ زکام خسرے میں مبتلا! اچھے

شوخئ تحریر (حصہ اول) 9 مرتب : تنویر حسین

ہو گئے تو بیوی نے چار پائی کھڑی کر کے غسل کرا دیا ورنہ آپ کے دشمن اسی چار پائی پر لب گور لائے گئے۔

ہندوستانی گھرانوں میں چار پائی کو ڈرائنگ روم، سونے کا کمرہ، غسل خانہ، قلعہ، خانقاہ، خیمہ، دواخانہ، صندوق، کتاب گھر، شفاخانہ، سب کی حیثیت کبھی کبھی بہ یک وقت ورنہ وقت وقت پر حاصل رہتی ہے۔ کوئی مہمان آیا۔ چار پائی نکالی گئی۔ اس پر ایک نئی دری بچھا دی گئی جس کے تہہ کے نشان ایسے معلوم ہوں گے جیسے کسی چھوٹی سی آراضی کو مینڈوں اور نالیوں سے بہت سے مالکوں میں بانٹ دیا گیا ہے اور مہمان صاحب معہ اچکن، ٹوپی، بیگ بغچی کے بیٹھ گئے۔ اور تھوڑی دیر کے لیے یہ معلوم کرنا دشوار ہو گیا کہ مہمان بیوقوف ہے یا میزبان بدنصیب! چار پائی ہی پر ان کا منہ ہاتھ دھلوایا اور کھانا کھلایا جائے گا اور اسی چار پائی پر یہ سو رہیں گے۔ سو جانے کے بعد ان پر سے مچھر مکھی اس طرح اڑائی جائے گی جیسے کوئی پھیری والا اپنے خونچہ پر سے جھاڑو نما مورچھل سے مکھیاں اڑا رہا ہو۔

چار پائی پر سوکھنے کے لیے اناج پھیلایا جائے گا۔ جس پر تمام دن چڑیاں حملے کرتی دانے چگتی اور گالیاں سنتی رہیں گی۔ کوئی تقریب ہوئی تو بڑے پیانے پر چار پائی پر آلو چھیلے جائیں گے۔ ملازمت میں پنشن کے قریب ہوتے ہیں تو جو کچھ رخصت جمع ہوئی رہتی ہے اس کو لے کر ملازمت سے سبکدوش ہو جاتے ہیں۔ اس طرح چار پائی پنشن کے قریب پہنچی ہے تو اس کو کسی کال کوٹھڑی میں داخل کر دیتے ہیں اور اس پر سال بھر کر پیاز کا ذخیرہ جمع کر دیا جاتا تھا۔ ایک دفعہ دیہات کے ایک میزبان نے پیاز ہٹا کر اس خاکسار کو ایسی ہی ایک پنشن یافتہ چار پائی پر اسی کال کوٹھڑی میں بچھا دیا تھا اور پیاز کو چار پائی کے نیچے اکٹھا کر دیا گیا تھا۔ اس رات کو مجھ پر آسمان کے اتنے ہی طبق روشن ہو گئے تھے جتنی ساری پیازوں میں چھلکے تھے اور یقیناً چودہ سے زیادہ تھے۔

فراق اور وصال، بیماری و تندرستی، تصنیف و تالیف، سرقہ اور شاعری سب سے چار پائی ہی پر نپٹتے ہیں۔ بچے بوڑھے اور مریض اس کو بطور پاخانہ غسل خانہ کام میں لاتے ہیں۔ کبھی ادوان کشادہ کر دی گئی۔ کبھی بنا ہوا حصہ کاٹ دیا گیا اور کام بن گیا۔ بچے فرش پر گھسیٹئے تو معلوم ہو کوئی ملٹری ٹینک مہم پر جا رہا ہے یا بجلی کا تڑاقا ہو رہا ہے کھٹملوں سے نجات پانے کے لیے جو ترکیبیں کی جاتی ہیں اور جس جس آسن میں چار پائی نظر آتی ہے یا جو سلوک اس کے ساتھ روا رکھا جاتا ہے ان پر غور کر لیجئے تو ایسا معلوم ہوتا ہے جیسے ہندوستانی یوگی کا تخیل ہندوستانیوں نے چار پائی ہی سے لیا ہے!

دو چار پائیاں اس طور پر کھڑی کر دیں کہ ان کے پائے آمنے سامنے ہو گئے ان پر ایک کمل دری یا چادر ڈال دی۔ کمرہ تیار ہو گیا۔ گھر میں بچوں کو اس طرح کا حجرہ بنانے کا بڑا شوق ہوتا ہے۔ یہاں وہ ان تمام باتوں کی مشق کرتے ہیں جو ماں باپ کو کرتے دیکھتے ہیں۔ ایٹن اور ہیرو انگلستان کے دو مشہور پبلک اسکول ہیں۔ ان کے کھیل کے میدان کے بارے میں کہا جاتا ہے کہ واٹرلو کی تاریخی جنگ یہیں جیتی گئی تھی۔ میرا کچھ ایسا خیال ہے کہ ہندوستان کی ساری مہم ہم ہندوستانی چار پائی کے اسی گھروندے میں سر کر چکے ہوتے ہیں۔

برسات کی سڑی گرمی پڑ رہی ہو کسی گھریلو تقریب میں آپ دیکھیں گے کہ محلہ نہیں سارے قصبہ کی عورتیں خواہ وہ کسی سائز، عمر، مزاج یا مصرف کی ہوں رونق افروز ہیں۔ اور یہ بتانے کی ضرورت نہیں کہ ہر عورت کی گود میں دو ایک بچے اور زبان پر پانسات کلمات خیر ضرور ہوں گے۔ کتنی زیادہ عورتیں کتنی کم جگہ میں آ جاتی ہیں اس کا اندازہ کوئی نہیں کر سکتا جب تک کہ چار پائی کے بعد کسی یکہ اور تانگہ پر ان کو سفر کرتے نہ دیکھ چکا ہو۔ یہ اللہ کی مصلحت اور ایجاد کرنے والے کی پیش بینی ہے کہ ہانکنے والے اور گھوڑے دونوں کی پشت سواریوں کی طرف ہوتی ہے۔ اگر کہیں یہ سواریوں کو دیکھتے

ہوتے تو یقیناً غش کھا کر گر پڑے۔

چارپائی ایک اچھے بکس کا بھی کام دیتی ہے۔ تکیہ کے نیچے ہر قسم کی گولیاں جن کے استعمال سے آپ کے سوا کوئی اور واقف نہیں ہوتا۔ ایک آدھ روپیہ، چند دھیلے پیسے، اسٹیشنری، کتابیں، رسالے، جاڑے کے کپڑے، تھوڑا بہت ناشتا، نقش سلیمانی، فہرست دواخانہ، سمن، جعلی دستاویز کے کچھ مسودے۔ یہ سب چارپائی پر لیٹے لیٹے ان میں سے ہر ایک کو اجالا ہو یا اندھیرا اس صحت کے ساتھ آنکھ بند کر کے نکال لیتے اور پھر رکھ دیتے جیسے حکیم نابینا صاحب مرحوم اپنے لمبے چوڑے بکس میں سے ہر مرض کی دوائیں نکال لیتے اور پھر رکھ دیتے۔

حکومت بھی چارپائی ہی پر سے ہوتی ہے۔ خاندان کے کرتا دھرتا چارپائی ہی پر براجمان ہوتے ہیں۔ وہیں سے ہر طرح کے احکام جاری ہوتے رہتے ہیں اور ہر گناہ گار کو سزا بھی وہیں سے دی جاتی ہے۔ آلات سزا میں ہاتھ پاؤں۔ زبان کے علاوہ ڈنڈا، جوتا، تاملوٹ بھی ہیں جنہیں اکثر پھینک کر مارتے ہیں۔ یہ اس لیے کہ توقف کرنے میں غصہ کا تاؤ مدھم نہ پڑ جائے اور ان آلات کو مجرم پر استعمال کرنے کے بجائے اپنے اوپر استعمال کرنے کی ضرورت نہ محسوس ہونے لگے۔

چارپائی ہی کھانے کا کمرہ بھی ہوتی ہے۔ باورچی خانہ سے کھانا چلا اور اس کے ساتھ پانچ سات چھوٹے بڑے بچے اتنی ہی مرغیاں، دو ایک کتے، بلی اور بے شمار مکھیاں آ پہنچیں۔ سب اپنے قرینے سے بیٹھ گئیں۔ صاحب خانہ صدر دستر خوان ہیں۔ ایک بچہ زیادہ کھانے پر مار کھاتا ہے دوسرا بد تمیزی سے کھانے پر تیسرا کم کھانے پر چوتھا زیادہ کھانے پر اور بقیہ اس پر کہ ان کو مکھیاں کھائے جاتی ہیں۔ دوسری طرف بیوی مکھی اڑاتی جاتی ہے اور شوہر کی بدزبانی سختی اور بد تمیزی سہتی جاتی ہے۔ کھانا ختم ہوا۔ شوہر شاعر ہوئے تو ہاتھ دھو کر فکر سخن میں چارپائی ہی پر لیٹ گئے کہیں دفتر میں ملازم ہوئے

تو اس طرح جان لے کر بھاگے جیسے گھر میں آگ لگی ہے اور کوئی مذہبی آدمی ہوئے تو اللہ کی یاد میں قیلولہ کرنے لگے، بیوی بچے بدن دبانے اور دعائیں سننے لگے۔

کوئی چیز خواہ کسی قسم کی ہو کہیں گم ہوئی ہو ہندوستانی اس کی تلاش کی ابتداء چار پائی سے کرتا ہے اس میں ہاتھی سوئی بیوی بچے موزے، مرغی چور کسی کی تخصیص نہیں۔ رات میں کھٹکا ہوا اس نے چار پائی کے نیچے نظر ڈالی۔ خطرہ بڑھا تو چار پائی کے نیچے پناہ لی۔ زندگی کی شاید ہی کوئی ایسی سرگرمی ہو جو چار پائی یا اس کے آس پاس نہ انجام پائی ہو۔

چار پائی ہندوستان کی آب و ہوا تمدن و معاشرت ضرورت اور ایجاد کا سب سے بھرپور نمونہ ہے۔ ہندوستان اور ہندوستانیوں کے مانند ڈھیلی ڈھالی شکستہ حالی بے سرو سامان لیکن ہندوستانیوں کی طرح غالب اور حکمران کے لیے ہر قسم کا سامان راحت فراہم کرنے کے لیے آمادہ۔ کوچ اور صوفے کے دلدادہ اور ڈرائنگ روم کے اسیر اس راحت و عافیت کا کیا اندازہ لگا سکتے ہیں جو چار پائی پر میسر آتی ہے! شعراء نے انسان کی خوشی اور خوشحالی کے لیے کچھ باتیں منتخب کر لی ہیں مثلاً سچے دوست، شرافت فراغت اور گوشۂ چمن ہندوستان جیسے غریب ملک کے لیے عیش و فراغت کی فہرست اس سے مختصر ہونی چاہیے۔ میرے نزدیک تو صرف ایک چار پائی ان تمام لوازم کو پورا کر سکتی ہے۔

بانوں کی ٹوٹی ہوئی چار پائی ہے جسے مکئے کے کھیت میں بطور مچان باندھ دیا گیا ہے۔ ہر طرف جھومتے لہلہاتے کھیت ہیں۔ بارش نے گرد و پیش کو شگفتہ و شاداب کر دیا ہے۔ دور دور جھیلیں جھمکتی جھلکتی نظر آتی ہیں جن میں طرح طرح کے آبی جانور اپنی اپنی بولیوں سے برسات کی علمداری اور مزیداری کا اعلان کرتے ہیں۔

مچان پر بیٹھا ہوا کسان کھیت کی رکھوالی کر رہا ہے اس کے یہاں نہ آسائش ہے۔ نہ آرائش نہ عشق و عاشقی، نہ علم و فضل نہ دولت و اقتدار لیکن یہ سب چار پائی پر بیٹھے

ہوئے اسی کسان کی محنت کا کرشمہ ہیں۔ پھر ایک دن آئے گا جب اس کی پیداوار کو چور مہاجن یا زمیندار لوٹ لیں گے اور اسی چارپائی پر اس کو سانپ ڈس لے گا اور قصہ پاک ہو جائے گا۔

برسات ہی کا موسم ہے۔ گاؤں میں آموں کا باغ کبھی دھوپ کبھی چھاؤں، کوئل کوکتی ہے ہوا لہکتی ہے۔ گاؤں میں لڑکے لڑکیاں دھوم مچا رہی ہیں۔ کہیں کوئی پکا ہوا آم ڈال سے ٹوٹ کر گرتا ہے۔ سب کے سب جھپٹتے ہیں۔ جس کو مل گیا وہ ہیرو بن گیا۔ جس کو نہ ملا اس پر سب نے ٹھٹھے لگائے۔ یہی لڑکے لڑکیاں جو اس وقت کسی طرح قابل التفات نظر نہیں آتیں کسے معلوم آگے چل کر زمانہ اور زندگی کی کن نیرنگیوں کو اجاگر کریں گے کتنے فاقے کریں گے کتنے فاتح بنیں گے کتنے نامور اور نیک نام کتنے گمنام و نافرجام اور یہ خاکسار ایک کھری چارپائی پر اس باغ میں آرام فرما رہا ہے۔ چارپائی باغبان کی ہے۔ باغ کسی اور کا ہے۔ لڑکے لڑکیاں گاؤں کی ہیں۔ میرے حصہ کا صرف آم ہے۔ ایسے میں جو کچھ دماغ میں نہ آئے تھوڑا ہے۔ یا جو تھوڑا دماغ میں ہے وہ بھی نکل جائے تو کیا تعجب!

پھر عالم تصور میں ایسی کائنات تعمیر کرنے لگتا ہوں جو صرف میرے لیے ہے جو میرے ہی اشارے پر بنتی بگڑتی ہے مجھے خالق کا درجہ حاصل ہے۔ اپنے مخلوق ہونے کا وہم بھی نہیں گزرتا۔ نہ اس کا خیال کہ زمانہ کسے کہتے ہیں نہ اس کی پروا کہ زندگی کیا ہے۔ دوسروں کو ان کا اسیر دیکھ کر چونک پڑتا ہوں۔ پھر یہ محسوس کر کے کہ میں ان لوگوں سے اور خود زمانہ اور زندگی سے علیحدہ بھی ہوں۔ اونگھنے لگتا ہوں۔ ممکن ہے اونگھنے میں پہلے سے جتلا ہوں۔

☆☆☆

شوخیٔ تحریر (حصہ اول) 14 مرتب : تنویر حسین

رشید احمد صدیقی

دھوبی

علی گڑھ میں نوکر کو آقا ہی نہیں ''آقائے نامدار'' بھی کہتے ہیں اور وہ لوگ کہتے ہیں جو آج کل خود آقا کہلاتے ہیں یعنی طلبہ! اس سے آپ اندازہ کر سکتے ہیں کہ نوکر کا کیا درجہ ہے۔ پھر ایسے آقا کا کیا کہنا'' جو سپید پوش'' واقع ہو۔ سپید پوش کا ایک لطیفہ بھی سن لیجئے۔ اب سے دور اور میری آپ کی جان سے بھی دور ایک زمانے میں پولیس کا بڑا دور دورہ تھا اسی زمانہ میں پولیس نے ایک شخص کا بدمعاشی میں چالان کر دیا کلکٹر صاحب کے یہاں مقدمہ پیش ہوا۔ ملزم حاضر ہوا تو کلکٹر صاحب دنگ رہ گئے۔ نہایت صاف ستھرے کپڑے پہنے ہوئے صورت شکل سے مرد معقول بات چیت نہایت شستعلیق کلکٹر صاحب نے تعجب سے پیشکار سے دریافت کیا کہ اس شخص کا بدمعاشی میں کیسے چالان کیا گیا دیکھنے میں تو یہ بالکل بدمعاش نہیں معلوم ہوتا! پیشکار نے جواب دیا حضور! تامل نہ فرمائیں یہ سفید پوش بدمعاش ہے!''۔

لیکن میں نے یہاں سفید پوش کا لفظ اس لیے استعمال کیا ہے کہ میں نے آج تک کسی دھوبی کو میلے کپڑے پہنے نہیں دیکھا۔ اور نہ اس کو خود اپنے کپڑے پہنے دیکھا۔ البتہ اپنا کپڑا پہنے ہوئے اکثر دیکھا ہے بعضوں کو اس پر غصہ آیا ہوگا کہ ان کا کپڑا دھوبی پہنے ہو۔ کچھ اس پر بھی جز بز ہوئے ہوں گے کہ خود ان کو دھوبی کے کپڑے پہننے کا موقع نہ ملا۔ میں اپنے کپڑے دھوبی کو پہنے دیکھ کر بہت متاثر ہوا ہوں۔ کہ دیکھئے زمانہ ایسا

آ گیا کہ یہ غریب میرے کپڑے پہننے پر اتر آیا گو اس کے ساتھ یہ بھی ہے کہ اپنی قمیص دھوبی کو پہنے دیکھ کر میں نے دل ہی دل میں افتخار بھی محسوس کیا ہے۔ اپنی طرف سے نہیں تو قمیص کی طرف سے۔ اس لیے کہ میرے دل میں یہ وسوسہ ہے کہ اس قمیص کو پہنے دیکھ کر مجھے در پردہ کسی نے اچھی نظر سے نہ دیکھا ہوگا۔ ممکن ہے خود قمیص نے بھی اچھی نظر سے نہ دیکھا ہو۔

دھوبیوں سے حافظؔ اور اقبالؔ بھی کچھ بہت زیادہ مطمئن نہ تھے۔ مجھے اشعار یاد نہیں رہتے اور جو یاد آتے ہیں وہ شعر نہیں رہ جاتے سہل ممتنع بن جاتے ہیں۔ کبھی سہل زیادہ اور ممتنع کم اور اکثر ممتنع زیادہ اور سہل بالکل نہیں۔ اقبال نے میرے خیال میں (جس میں اس وقت دھوبی بسا ہوا ہے) شاید کبھی کہا تھا۔

آہ بیچاروں کے اعصاب پہ دھوبی ہے سوار!

یا حافظ نے کہا ہو

فغاں کین گازران شوخ و قابل دار و شہر آشوب

ان دونوں کا سابقہ دھوبیوں سے یقیناً رہا تھا۔ لیکن میں دھوبیوں کے ساتھ ناانصافی نہ کروں گا۔ حافظؔ اور اقبالؔ کو تو میں نے تصوف اور قومیات کی وجہ سے کچھ نہیں کہا۔ لیکن میں نے بہت سے ایسے شعراء دیکھے ہیں جن کے کپڑے کبھی اس قابل نہیں ہوتے کہ دنیا کا کوئی دھوبی سوا ہندوستان کے دھوبی کے دھونے کے لیے قبول کر لے۔ اگر ان کپڑوں کو کوئی جگہ مل سکتی ہے تو صرف ان شعراء کے جسم پر۔ میں سمجھتا ہوں کہ لڑائی کے بعد جب ہر چیز کی دروبست نئے سرے کی جائے گی اس وقت عام لوگوں کا یہ حق بین الاقوامی پولیس مانے اور منوائے گی کہ جس شاعر کے کپڑے کوئی دھوبی دھوتا ہو بشرطیکہ دھوبی خود شاعر نہ ہو اس سے کپڑے دھلانے والوں کو یہ حق پہنچتا ہے کہ دھلائی کا نرخ کم کرا لیں۔ یہ شعراء اور ان کے بعض قدر دان بھی دھوبی کے سپرد اپنے کپڑے

اس وقت کرتے ہیں جب ان میں اور کپڑے میں کوڑا اور کوڑا گاڑی کا رشتہ پیدا ہو جاتا ہے۔

دھوبی کپڑے چراتے ہیں بیچتے ہیں کرایے پر چلاتے ہیں، گم کرتے ہیں، کپڑے کی شکل مسخ کر دیتے ہیں، پھاڑ ڈالتے ہیں یہ سب میں مانتا ہوں اور آپ بھی مانتے ہوں گے لیکن اس میں بھی شک نہیں کہ ہمارے آپ کے کپڑے اکثر ایسی حالت میں اترتے ہیں کہ دھوبی کیا کوئی دیوتا بھی دھوئے تو ان کو کپڑے کی ہیئت وحیثیت میں واپس نہیں کر سکتا۔ مثلاً غریب دھوبی نے ہمارے آپ کے ان کپڑوں کو پانی میں ڈالا ہو میل پانی میں مل گیا اللہ اللہ خیر سلا جیسے خاک کا پتلا خاک میں مل جاتا ہے خاک خاک میں آگ آگ میں پانی پانی میں اور ہوا ہوا میں۔ البتہ ان کپڑے پہننے والوں کا یہ کمال ہے کہ انہوں نے کپڑے کو تو اپنی شخصیت میں جذب کر لیا اور شخصیت کو کثافت میں منتقل کر دیا۔ مثلاً لطافت بے کثافت جلوہ پیدا کر نہیں سکتی! اور یہی کثافت ہم دنیا داروں کو قمیص پگڑی اور شلوار میں نظر آتی ہو۔ یہ بات میں نے کچھ یوں ہی نہیں کہہ دی ہے۔ اونچے قسم کے فلسفے میں آیا ہے کہ عرض بغیر جوہر کے قائم رہ سکتا ہے اور نہ بھی آیا ہو تو فلسفیوں کو دیکھتے یہ بات کبھی نہ کبھی ماننی پڑے گی۔

دھوبی کے ساتھ ذہن میں اور بہت سی باتیں آتی ہیں مثلاً گدھا، رسی، ڈنڈا، دھوبی کا کتا، دھوبن (میری مراد پرندے سے ہے) استری (اس سے بھی میری مراد وہ نہیں ہے جو آپ سمجھتے ہیں) میلے ثابت پھٹے پرانے کپڑے وغیرہ۔ ممکن ہے آپ کی جیب میں بھولے سے کوئی ایسا خط رہ گیا ہو جس کو آپ سینے سے لگا رکھتے ہوں لیکن کسی شریف آدمی کو نہ دکھا سکتے ہوں اور دھوبی نے اسے دھو پچھاڑ کر آپ کا آنسو خشک کرنے کے لئے بلاٹنگ پیپر بنا دیا ہو یا کوئی یونانی نسخہ آپ جیب میں رکھ کر بھول گئے ہوں اور دھوبی اسے بالکل "صاف نمودہ" کر کے لایا ہو۔

لڑائی کے زمانے میں جہاں اور بہت سی دشواریاں ہیں۔ وہاں یہ آفت بھی کم نہیں کہ بچے کپڑے پھاڑتے ہیں عورتیں کپڑے سمیٹتی ہیں۔ دھوبی کپڑے چراتے ہیں دوکاندار قیمتیں بڑھاتے ہیں اور ہم سب کے دام بھگتتے ہیں۔ لڑائی کے بعد زندگی کی از سرِ نو تنظیم ہو یا نہ ہو کوئی تدبیر ایسی نکالنی پڑے گی کہ کپڑے اور دھوبی کی مصیبتوں سے نوع انسانی کو کلیتہً نجات نہ بھی ملے تو بہت کچھ سہولت میسر آجائے۔

کپڑے کا مصرف پھاڑنے کے علاوہ حفاظت، نمائش اور ستر پوشی ہے میرا خیال ہے کہ یہ باتیں اتنی حقیقی نہیں ہیں جتنی ذہنی یا رسمی۔ سردی سے بچنے کی ترکیب تو یونانی اطبا اور ہندوستانی سادھو جانتے ہیں ایک کشتہ کھاتا ہے دوسرا جسم پر مل لیتا ہے۔ نمائش میں ستر پوشی اور ستر نمائی دونوں شامل ہیں۔ میرا خیال ہے کہ اگر ستر کے رقبہ پر کنٹرول عائد کر دیا جائے تو کپڑا یقیناً کم خرچ ہوگا اور دیکھ بھال میں بھی سہولت ہوگی۔ جنگ کے دوران میں یہ مراحل طے ہو جاتے تو صلح کا زمانہ عافیت سے گزرتا۔

لیکن اگر ایسا نہ ہو سکے تو پھر دنیا کی حکومتوں کو چاہیے کہ وہ تمام سائنس دانوں اور کاریگروں کو جمع کر کے قوم کی اس مصیبت کو ان کے سامنے پیش کریں کہ آئندہ سے لباس کے بجائے ''انٹی دھوبی ٹینک'' کیوں کر بنائے اور اوڑھے پہنے جا سکتے ہیں۔ اگر یہ ناممکن ہے اور دھوبیوں کے پھاڑنے پچھاڑنے اور چرانے کے پیدائشی حقوق مجروح ہونے کا اندیشہ ہو جس کو دنیا کی خدا ترس حکومتیں گوارا نہیں کر سکتیں یا بعض بین الاقوامی پیچیدگیوں کے پیش آنے کا اندیشہ ہے تو پھر رائے عامہ کو ایسی تربیت دی جائے کہ لباس پہننا ہی یک قلم موقوف کر دیا جائے۔ اور تمام دھوبیوں کو کپڑا دھونے کے بجائے بین الاقوامی معاہدوں اور ہندوستان کی تاریخوں کو دھونے پچھاڑنے اور پھاڑنے پر مامور کر دیا جائے۔

بفرضِ محال ستر پوشی پر کنٹرول ناممکن ہو یا ترک لباس کی اسکیم پر بزرگانِ قوم

جائے سے باہر ہو جائیں اور دھوبی ایجی ٹیشن کی نوبت آئے تو پھر ملک کے طول وعرض میں ''بھارت بھبھوت بھنڈار'' کھول دیئے جائیں۔اس وقت ہم سب سر جوڑ کر اور ایک دوسرے کے کان پکڑ کر ایسے بھبھوت ایجاد کرنے کی کوشش کریں گے جن میں چائے کے خواص ہوں گے یعنی گرمی میں ٹھنڈک اور سردی میں گرمی پیدا کریں گے۔ ستر پوشی سے چشم پوشی کرنا پڑے گی۔ اگر ہم اتنی ترقی نہیں کر سکتے ہیں اور قوم و ملک کی نازک اور ناگفتہ بہ حالت دیکھتے ہوئے بھی ستر کو قربان نہیں کر سکتے تو بھارت بھبھوت بھنڈار کے ذریعہ ایسے انجینئر اور آرٹسٹ پیدا کیے جائیں گے جو ستر کو کچھ کا کچھ کر دکھائیں جیسے آج کل لڑنے والی حکومتیں دشمن کو دھوکا دینے کے لیے دھوکے کی ٹٹی قائم کر دیا کرتے ہیں جس کو انگریزی میں (Smoke Screen) کہتے ہیں اور جس کے تصرف سے دیوار و در در و دیوار نظر آنے لگتے ہیں۔

میں تفصیل میں نہیں پڑنا چاہتا۔ صرف اتنا عرض کر دینا کافی سمجھتا ہوں کہ اس بھبھوتیائی آرٹ کے ذریعہ ہم کسی حصہ جسم کو یا ان میں سے ہر ایک کو اس طرح مسخ یا مزین کر سکیں گے کہ وہ کچھ کا کچھ نظر آئے۔ بقول ایک شاعر کے جو اس آرٹ کے رمز سے غالباً واقف تھے یعنی۔

وحشت میں ہر ایک نقشہ الٹا نظر آتا ہے
مجنوں نظر آتی ہے لیلیٰ نظر آتا ہے

شعراء نے ہمارے آپ کے اعضاء وجوارح کے بارے میں تشبیہ استعارہ یا جنون میں جو کچھ کہا ہے بھارت بھبھوت کے آرٹسٹ اسی قسم کی چیز ہمارے آپ کے جسم پر بنا کر غزل کو نظم معرا کر دکھائیں گے اس وقت آرٹ برائے آرٹ اور آرٹ برائے زندگی کا تنازعہ بھی ختم ہو جائے گا۔ بہت ممکن ہے بھبھوت بھنڈار میں ایسے سرمے بھی تیار کیے جا سکیں جن کی ایک سلائی پھیرنے سے چھوٹی چیزیں بڑی اور بڑی چھوٹی نظر

آنے لگیں یا دور کی چیز قریب اور قریب کی دور نظر آئے۔ اس طور پر شعرا آرٹ اور تصوف کو ایک دوسرے سے مربوط کر سکیں گے۔ دوسری طرف ستر دوستوں یا ستر دشمنوں کی بھی اشک شوئی ہو جائے گی۔ اس وقت دھوبیوں کو معلوم ہوگا کہ ڈکٹیٹر کا انجام کیا ہوتا ہے۔

علی گڑھ میں میرے زمانۂ طالب علمی کے ایک دھوبی کا حال سنئے جواب بہت معمر ہو گیا ہے وہ اپنے گاؤں میں بہت معزز مانا جاتا ہے۔ دو منزلہ وسیع پختہ مکان میں رہتا ہے۔ کاشتکاری کا کاروبار بھی اچھے پیانہ پر پھیلا ہوا ہے۔ گاؤں میں کالج کے قصے اس طور بیان کرتا ہے جیسے پرانے زمانے میں سورماؤں کی بہادری و فیاضی اور حسن و عشق کے افسانے اور نظمیں بھاٹ سنایا کرتے تھے۔ کہنے لگا میاں وہ بھی کیا دن تھے اور کیسے کیسے اشراف کالج میں آیا کرتے تھے۔ قیمتی خوبصورت نرم و نازک کپڑے پہنتے تھے جلد اتارتے تھے دیر میں منگاتے تھے ہر مہینہ دو چار کپڑے ادھر ادھر کر دیئے وہاں خبر بھی نہ ہوئی یہاں مالا مال ہو گئے۔ ان کے اتارے کپڑوں میں بھی میرے بچے اور رشتہ دار ایسے معلوم ہوتے تھے جیسے علی گڑھ کی نمائش۔ آج کل جیسے کپڑے نہیں ہوتے تھے گویا بوری اور جھولداری لٹکائے پھر رہے ہیں۔ ایک کپڑا دھونا پچاس ہاتھ مگدر ہلانے کی طاقت لیتا ہے۔ کیسا ہی دھوؤ بناؤ آب نہیں چڑھتا۔ اس پر یہ کہ آج لے جاؤ کل دے جاؤ۔ کوئی کپڑا بھول چوک میں آجائے تو عمر بھر کی آبرو خاک میں ملا دیں۔

میاں ان رئیسوں کے کپڑے دھونے میں بھی مزہ آتا تھا جیسے دودھ ملائی کا کاروبار۔ دھونے میں مزا، استری کرنے میں مزا، دیکھنے میں مزا، دکھانے میں مزا، کنوئیں کے پاس کپڑے دھوتے تھے کہ کوتوالی کرتے تھے۔ پاس پڑوس دور سے کھڑے تماشا دیکھتے۔ پولیس کا سپاہی بھی سلام ہی کر کے گزرتا۔ مجال تھی جو کوئی پاس آجائے۔ برادری میں رشتہ ناتا اونچا لگتا کہ سید صاحب کے کالج کا دھوبی ہے۔ پنچایت

چکانے دور دور سے بلاوا آتا۔ ایسے ایسے کپڑے پہن کر جاتا کہ گاؤں کے کھیا اور پٹواری دیکھنے آتے۔ جو بات کہتا سب ہاتھ جوڑ کر مانتے کوئی چین چپڑ کرتا تو کہہ دیتا بچا ہیکڑی دکھائی تو سید صاحب کے ہاں لے چل کر وہ گت بنوائی ہو کہ چھٹی کا دودھ یاد آجائے گا پھر کوئی نہ منگتا!

شہر میں کہیں شادی بیاہ ہوتا تو مجھے سب سے پہلے بلایا جاتا لڑکی لڑکے کا بزرگ کہتا بھیا انکو لڑکی کی شادی ہے عزت کا معاملہ ہے برادری کا سامنا ہے مدد کا وقت ہے میں کہتا نچنت رہو۔ تمہاری نہیں میری بیٹی۔ کالج پھلے پھولے فکر مت کرو پرماتما کا دیا سب کچھ موجود ہے۔ میاں مانو کالج آتا لڑکوں سے کہتا حضور لڑکی کی شادی ہے اب کے جمعہ کو کپڑے نہ آئیں گے سب کہتے انکو کچھ پروا نہیں ہم کو بھی بلانا جو چیز چاہو لے جاؤ دب کے کام نہ کرنا۔ میاں پھر کیا تھا گز بھر کی چھاتی ہو جاتی!

ایک باری کے کپڑے، دری، فرش، چاندنی، تولئے، دستر خوان سب دے دیتا۔ محفل چماچم ہو جاتی ایسا معلوم ہوتا جیسے کالج کا کوئی جلسہ ہے۔ براتی دنگ رہ جاتے میاں اس ہیرا پھیری اور ہڑ گم میں ایک آدھ گم ہو جاتا کچھ رکھ لیتا یا ادھر ادھر دے ڈالتا۔ دوسرے تیسرے جمعہ کو کالج آتا ہر لڑکا بجائے اس کے کہ کپڑے پر ٹوٹ پڑتا دور ہی سے پکارتا کیوں انکو اکیلے اکیلے لڑکی کی شادی کر ڈالی ہم کو نہیں بلایا۔ سب کو سلام کرتا کہتا میاں تمہارا لکھنے پڑھنے کا ہرج ہوتا کہاں جاتے تمہارے اقبال سے سب کام ٹھیک ہو گیا۔

میاں لوگ نواب تھے کہتے انکو ہم کو فرصت نہیں میلے کپڑے لے لینا۔ دھلے کپڑے بکس میں رکھ دینا چابی تکیے کے نیچے ہو گی بکس بند کر کے مجھے دے جانا۔ ان کو کیا خبر کون سے کپڑے لے گیا تھا کیا واپس کر گیا۔ کبھی کچھ یاد آ گیا تو پوچھ بیٹھے انکو فلاں کپڑا نظر نہیں آیا میں کہہ دیتا سرکار وہ لڑکی کی شادی نہ تھی۔ کہتے ہاں ہاں ٹھیک کہا یاد

نہیں رہا اور کیوں تم نے ہم کو نہیں بلایا۔ میرا یہ بہانہ اور ان کا یہ کہنا چلتا رہتا اور پھر ختم ہو جاتا۔

کالج میں کرکٹ کی بڑی دھوم تھی ایک دفعہ کپتان صاحب نے گھاٹ پر سے بلوا بھیجا۔ کہنے لگے انکو دلی سے کچھ کھیلنے والے آگئے ہیں۔ ہم لوگوں کو کھیلنے کی فرصت نہیں لیکن ان کو بغیر میچ کھلائے واپس بھی نہیں کیا جا سکتا۔ چنانچہ یہ میچ کالج کے بیرر کھیلیں گے۔ تم ممتاز کے یہاں چلے جاؤ وہ بتلائے گا کہ کتنے کوٹ پتلون اور قمیص مفلر وغیرہ درکار ہوں گے۔ بیروں کی پوری ٹیم کو کرکٹ کا یونیفارم مہیا کر دو کل گیارہ بجے دن کو میں سب چیزیں ٹھیک دیکھوں، میاں کپتان صاحب کا یہ جنڈیلی آڈر پورا کیا گیا۔ ٹیم کھیلی اور جیت گئی۔ کپتان صاحب نے سب کو دعوت دی اور بھرے مجمع میں کہا ''انکو کا شکریہ!''

اکثر سوچتا ہوں کہ دھوبی اور لیڈر میں اتنی مماثلت کیوں ہے۔ دھوبی لیڈر کی ترقی یافتہ صورت ہے یا لیڈر دھوبی کی! دونوں دھوتے پچھاڑتے ہیں۔ دھوبی گندے چیکٹ کپڑے علیحدہ لے جا کر دھوتا ہے اور صاف اور اجلا کر کے دوبارہ پہننے کے قابل بنا دیتا ہے۔ لیڈر بر سر عام گندے کپڑے دھوتا ہے اور گندگی اچھالتا ہے (Washing Dirty Linen in Public) کا یہی تو مفہوم ہے۔ لیڈر کا مقصد نجاست کو دور کرنے کا اتنا نہیں ہوتا جتنا نجاست پھیلانے کا۔ دھوبیوں کے لیے کپڑے دھونے کے گھاٹ مقرر ہیں۔ لیڈر کے لیے پلیٹ فارم حاضر ہیں۔ اس میں شک نہیں دھوبی کپڑے پھاڑتا ہے غائب کر دیتا ہے اور ان کا آب و رنگ بگاڑ دیتا ہے۔ لیکن لیڈر کی طرح وہ گندگی کو پائیدار یا رنگین نہیں بناتا نہ متعدی کرتا ہے۔

ہمارے معلم بھی دھوبی سے کم نہیں وہ شاگرد کو اسی طرح دھوتے پچھاڑتے مروڑتے اور اس پر استری کرتے ہیں جیسے دھوبی کرتا ہے۔ آپ نے بعض دھوبیوں کو

دیکھا ہوگا جو دھلائی کی زحمت سے بچنے اور مالک کو دھوکا دینے کے لیے سفید کپڑے پر نیل کا ہلکا سا رنگ دے دیتے ہیں۔ دھوبی کو اس کی مطلق پروا نہیں کہ سر پر سے گھما گھما کر کپڑے کو پتھر پر پٹکنا اینٹھنا اور نچوڑنا اور اس کا لحاظ نہ کرنا کہ کپڑے کے تار و پود کا رنگ کا کیا حشر ہوگا، بٹن کہاں جائیں گے لباس کی وضع قطع کیا سے کیا ہو جائے گی، استری ٹھیک گرم ہے یا نہیں ٹھنڈی استری کرنا چاہیے یا گرم بالکل اسی طرح معلم کو اس کی پروا نہیں کہ طالب علم کس قماش کا ہے اس پر کیا رنگ چڑھا ہوا ہے، اور اس کے دل و دماغ کا کیا عالم ہے وہ اسے دے دے مارتا ہے اور بلکر کس نکال دیتا ہے۔ وہ طالب علم کی استعداد اس کے میلانات اور اس کی الجھنوں کو سمجھنے کی کوشش نہیں کرتا۔ صرف اپنا رنگ چڑھانے کی کوشش کرتا رہتا ہے چنانچہ گاذری کے سارے مراحل طے کرنے کے بعد جب طالب علم دنیا کے بازار یا گاہک کے ہاتھ میں آتا ہے تو اس کا جسم ذہن و دماغ سب جواب دے چکے ہوتے ہیں۔ اس پر رنگ بھی ناپائدار ہوتا ہے۔ کلف دے کر اس پر جو بے تکی اور بے تکان استری کی ہوتی ہے وہ حوادث روزگار کے ایک ہی چھینٹے یا جھونکے سے بدرنگ اور کاواک ہو جاتی ہے۔ دھوبی کی یہ روایات معلمی میں پورے طور پر سرایت کر چکی ہیں۔

ہندوستانی دھوبی کے بارے میں آپ نے ایک مشہور ستم ظریف کا فقرہ سنا ہوگا جس نے اس کو کپڑے پچھاڑتے دیکھ کر کہا تھا کہ دنیا میں عقیدہ بھی کیا چیز ہے، اس شخص کو دیکھئے کپڑے سے پتھر توڑ ڈالنے کے درپے ہے۔ اگر ستم ظریف نے ہندوستانی شعراء یا عشاق کا مطالعہ کیا ہوتا جو ننگ سجدہ سے محبوب کا سنگ آستاں گھس کر غائب کر دیتے ہیں تو اس پر معلوم نہیں کیا گزر جاتی۔ یہ تو پرانے شعراء کا وطیرہ تھا حال کے شعراء کا رنگ کچھ اور ہے۔ انہوں نے سوسائٹی کے میلے گندے شارع عام پر دھونے پچھاڑنے کا نیا فن ایجاد کیا ہے۔ اس قبیل کے شعراء سوسائٹی کی خرابیوں کو دور کرنے کے

اتنے قائل اور شاید قابل بھی نہیں رہے جتنا ان خرابیوں کا شکار ہو چکے ہیں یا اس کی صلاحیت رکھتے ہیں۔ وہ ان خرابیوں کی نمائش کرنے اور اس کو ایک فن کا درجہ دینے کے درپے ہیں۔ کمزوریوں کو تسلیم کرنا اور ان کو دور کرنے کی کوشش کرنا مستحسن آثار ہیں لیکن ان کو آرٹ یا الہام کا درجہ دینا کمزوری اور بدتوفیقی ہے۔ شاعری میں دھوبی کا کاروبار برا نہیں لیکن دھوبی اور دھوبی کے گدھے میں تو فرق کرنا ہی پڑے گا!

میرا ایک دھوبی سے سابقہ رہا ہے جسے بہانے تراشنے میں وہ مہارت حاصل ہے جو اردو اخبارات و رسائل کے ایڈیٹر کو بھی نصیب نہیں۔ پرچہ کے توقف سے شائع ہونے پر یا بالکل نہ شائع ہونے پر یہ ایڈیٹر جس جس طرح کے عذر پیش کرتے ہیں اور عاشقانہ شعر پڑھتے ہیں اور فلمی گانے سناتے ہیں وہ ایک مستقل داستان ہے اور فن بھی۔ لیکن میرا دھوبی اور اس کی بیوی جس قسم کے حیلے تراشتے ہیں وہ انہیں کا حصہ ہے۔

مثلاً موسم خراب ہے اس کے یہ معنی ہیں کہ دھوپ نہیں ہوئی کہ کپڑے سوکھتے یا گردوغبار کا یہ عالم تھا کہ دُھلے کپڑے بن دُھلے ہو گئے یا دھوپ اتنی سخت تھی کہ دھونے کے لیے کپڑے کا تر کرنا محال ہو گیا! صحت خراب ہے یعنی دھوبی یا دھوبن یا اس کے لڑکے بالے یا اس کے دور و نزدیک کے رشتہ دار ہر طرح کی بیماریوں میں مبتلا رہے۔ قسمت خراب ہے یعنی ان میں سے ایک ورنہ ہر ایک مر گیا۔ زمانہ خراب ہے، یعنی چوری ہو گئی، فوجداری ہو گئی یا گدھا کانجی ہاؤس بھیج دیا گیا۔ کپڑا خراب ہے یعنی پھٹ گیا بدرنگ ہو گیا یا گم ہو گیا۔

عاقبت خراب ہے یعنی ریڈیو پر طرح طرح کی خبریں آتی ہیں اور مٹی خراب ہے۔ یعنی وہ میرے کپڑے دھوتا ہے۔ میرے خلاف اور غالباً ناظرین میں سے بھی بعض حضرات کے خلاف دھوبیوں کو یہ شکایت ہے کہ میں کپڑے اتارنے اور دھوبی کے سپرد کرنے میں زیادہ دیر لگاتا ہوں یہی نہیں بلکہ دھوبی کے حوالہ کرنے سے پہلے وہ

لوگ جو دھوبی نہیں ہیں یا دھوبی سے بھی گئے گزرے ہیں میرے اترے ہوئے کپڑوں میں میل دور کرنے کی اپنے اپنے طور پر کوشش اور تجربے کرتے ہیں۔ کوئی چونا رگڑ کر کوئی کتھا، پیالی پلیٹ اور دیگچی پونچھ کر کوئی جھاڑو کا کام لے کر کوئی آلو ٹماٹر اور کوئی لنگوٹ باندھ کر اور جب یہ تمام تجربے یا مراحل طے ہو لیتے ہیں تو وہ کپڑے دھوبی کے حوالہ کئے جاتے ہیں۔

دنیا کو رنگ برنگ کے خطروں سے سابقہ رہا ہے۔ مثلاً لال خطرہ پیلا خطرہ سفید خطرہ کالا خطرہ ان سے کسی نہ کسی طرح اور کسی نہ کسی حد تک گلوخلاصی ہوتی رہتی ہے لیکن یہ دھوبی خطرہ زندگی میں اس طرح خارش بن کر سمایا گیا ہے کہ نجات کی کوئی صورت نظر نہیں آتی۔ مصیبت و مایوسی میں انسان توہم پرست ہو جاتا ہے اور ٹونے ٹوٹکے اور فال و تعویذ پر اُتر آتا ہے میں نے دھوبی کو ذہن میں تول کر غالب سے رجوع کیا تو فال میں یہ مصرعہ نکلا۔

تیرے بے مہر کہنے سے وہ تجھ پر مہرباں کیوں ہو

گھبرا گیا لیکن چونکہ غالب یہ بھی کہہ چکے تھے کہ اگلے زمانہ میں کوئی میر بھی تھا اس لئے میر صاحب کی خدمت میں حاضر ہوا۔ وہاں سے یہ جواب ملا۔

ہم ہوئے تم ہوئے کہ میر ہوئے
اسی دھوبی کے سب اسیر ہوئے

بایں ہمہ دھوبی جس دن دھلے کپڑے لاتا ہے اور میلے کپڑے لے جاتا ہے۔ مجھے ایسا محسوس ہوتا ہے جیسے گھر میں برکتیں آئیں اور بلائیں دور ہوئیں چاندنی، چادریں، غلاف، پردے، دسترخوان، میز پوش سب بدل گئے نہا دھو کر چھوٹے بڑوں نے صاف ستھرے کپڑے پہنے۔ طبیعت شگفتہ ہوگئی اور کچھ نہیں تو تھوڑی دیر کے لیے یہ محسوس ہونے لگا کہ زندگی بہرحال اتنی پُرمحن نہیں ہے جتنی کہ بتائی جاتی ہے۔

رشید احمد صدیقی

گھاگ

گھاگ (یا گھاگھ) کی ہیئت صوتی و تحریری اس کو کسی تعریف کا محتاج نہیں رکھتیں۔ الفاظ کے شکل اور آواز سے کتنے اور کیسے کیسے معنی اخذ کیے گئے ہیں۔ لسانیات کی پوری تاریخ اس پر گواہ ہے۔ کبھی کبھی تلفظ سے بولنے والے کی نسل اور قبیلہ کا پتہ لگا لیتے ہیں۔ گھاگ کی تعریف منطق یا فلسفہ نے نہیں تجربے سے کی جاتی ہے۔ ایسا تجربہ جسے عقلمند سمجھ لیتا ہے۔ بے وقوف برتنا چاہتا ہے۔

گھاگیات کا ایک اصول یہ ہے کہ قضیئے میں فریق سے بہتر قاضی بننا ہے۔ جھگڑے میں فریق ہونا خامی کی دلیل ہے۔ حَکم بننا عقلمندوں کا شعار ہے۔ اگر ہر ایجاد کے لیے ایک ماں کی ضرورت ہے تو ہر ضرورت کے لیے ایک گھاگ لازم آتا ہے۔ گھاگ موجود نہ ہوتا تو دنیا سے ضرورت کا عنصر مفقود ہو جاتا اور ''طلب محض ہے سارا عالم'' کا فلسفہ انسداد توہین مذاہب کے قانون کی مانند ناقص ہو کر رہ جاتا۔ گھاگ کا کمال یہ ہے کہ وہ گھاگ نہ سمجھا جائے۔ اگر کوئی شخص گھاگ ہونے کا اظہار کرے یا بقول شخصے ''مار کھا جائے'' تو وہ گھاگ نہیں گھاگس ہے اور یہ گھاگ کی ادنیٰ قسم ہے۔ ان میں امتیاز کرنا دشوار بھی ہے آسان بھی۔ جیسے کسی روشن خیال بیوی کے جذبۂ شوہر پرستی یا کسی مولوی کے جذبۂ خدا ترسی کا صحیح اندازہ لگانا۔

گھاگ کی ایک منفرد شخصیت ہوتی ہے وہ نہ کوئی ذات ہے نہ قبیلہ وہ صرف پیدا

ہو جاتا ہے لیکن اس کی نسل نہیں چلتی، روایت قائم رہتی ہے۔ ہر طبقہ اور جماعت میں کوئی نہ کوئی گھاگ موجود ہوتا ہے۔ معاشرہ، مذہب، حکومت، غرض وہ تمام ادارے جن سے انسان اپنے آپ کو بناتا بگاڑتا یا ڈرتا ڈراتا رہتا ہے کسی نہ کسی گھاگ کی دستبرد میں ہوتا ہے۔ وہ جذبات سے خالی ہوتا ہے اور اپنے مقصد کے حصول میں نہ جاہل کو جاہل سمجھتا ہے نہ عالم کو عالم۔ دانشمند کے سامنے وہ اپنے کو احمق اور احمق کے سامنے احمق تر ظاہر کرے گا جب تک وہ اپنے مقاصد میں کامیاب ہو سکتا ہے اس کو یہ پروا نہیں ہوتی کہ دنیا اس کو کیا کہے گی۔ وہ کامیابی ہی کو مقصد جانتا ہے، وسیلے کو اہمیت نہیں دیتا۔

گھاگ کا سوسائٹی کے جس طبقے سے تعلق ہوتا ہے اسی اعتبار سے اس کی گھاگیت کا درجہ متعین ہوتا ہے نچلے طبقے کا متوسط طبقے اور متوسط طبقے کا اعلیٰ طبقے کے گھاگ پر فوقیت رکھتا ہے اس لیے کہ موخر الذکر کو اول الذکر سے کہیں زیادہ سہولتیں میسر ہوتی ہیں۔ یہاں تک کہ وہ گھاگ نہ بھی ہوں جب بھی اپنی دولت اور اثر سے کام نکال سکتے ہیں۔ ان سے کم درجہ والے کو اپنی گھاگیت کے سوا کچھ اور میسر نہیں ہوتا۔ مثلاً گھاگ ہونے کے اعتبار سے ایک پٹواری کا درجہ کسی سفیر سے کم نہیں۔ بشرطیکہ سفیر خود کبھی پٹواری نہ رہ چکا ہو۔

سیاسی گھاگ کو قوم اور حکومت کے درمیان وہی حیثیت حاصل ہوتی ہے جو قمار خانے کے منیجر کو قمار بازوں میں ہوتی ہے۔ یعنی ہار جیت کسی کی نفع اس کا! وہ صدارت کی کرسی پر سب سے زیادہ ہار پہن کر تالیوں اور نعروں کی گونج میں بیٹھتا ہے۔ اور تحریر و تقریر میں پریس اور حکومت کے نمائندوں کو پیشِ نظر رکھتا ہے۔ کہیں گولی چلنے والی ہو یا دار و رسن کا سامنا ہو تو وہ اپنے ڈرائنگ روم یا کوہستانی قیام گاہ کو بہتر و محفوظ تر جگہ سمجھتا ہے۔ اس کے نزدیک قوم کی حیثیت نعش کی ہے۔ اس پر مزار تعمیر کر کے نذرانے اور چڑھاوے وصول کیے جا سکتے ہیں۔ لیکن پیش قدمی کی ضرورت ہو تو ان سے پاٹ کر

راستے ہموار کیے جاسکتے ہیں۔ اپنے اغراض کے پیشِ نظر وہ نوحۂ غم اور نغمۂ شادی میں کوئی فرق نہیں کرتا۔ وہ حکومت سے خفیہ طور پر اور حکومت اس سے علانیہ ڈرتی ہے۔

گھاگ صرف اپنا دوست ہوتا ہے۔ کسی اور کی دوستی پر اعتبار نہیں رکھتا۔ موقع سے فائدہ اٹھاتا ہے موقع کو اپنے سے فائدہ نہیں اٹھانے دیتا۔ کبھی کبھی وہ اپنے کو خطرے میں بھی ڈال دیتا ہے لیکن اسی وقت جب اسے یقین ہوتا ہے کہ خطرے سے اس کو نہیں بلکہ اس سے خطرے کو نقصان پہنچے گا۔ وہ انتہا پسند نہیں ہوتا صرف انتہا پسندوں سے فائدہ اٹھاتا ہے۔ اس کی مثال ایک ایسی عدالتی مسل سے دی جاسکتی ہے جس کی رو سے متضاد فیصلے آسانی سے دیئے جاسکتے ہیں اور وہ فیصلے آسانی سے بحال بھی رکھے جاسکتے ہیں اور توڑے بھی جاسکتے ہیں۔

سیاسی گھاگ فیکٹری کے بڑے پہیے کی مانند ہوتا ہے بظاہر یہ معلوم ہوگا کہ صرف ایک بڑا پہیا گردش کر رہا ہے لیکن اس ایک پہیے کے دم سے معلوم نہیں کتنے اور کل پرزے گردش کرتے ہوتے ہیں۔ کہیں بھاری مشین تیاری ہوتی ہے کہیں نازک ہلکے ہلکے طرح طرح کے آلات۔ کہیں زہر کہیں تریاق کہیں برہنہ رکھنے کے لیے کپڑے تیار ہوتے ہوں گے کہیں بھوکا رکھنے کے لیے خرمن جمع کیا جارہا ہوگا۔ کہیں حفاظت کا کام در پیش ہوگا کہیں ہلاکت کے سامان فراہم کیے جارہے ہوں گے۔ گھاگ بولنے کے موقع پر سوچتا ہے اور چھینکنے کو صرف ایک جمائی پر ختم کر دیتا ہے وہ ضابطۂ فوجداری اور کتاب الٰہی دونوں کی طاقت اور کمزوری سے واقف ہوتا ہے۔ آرام کمرے میں بیٹھ کر جیلخانہ پر عذاب جھیلنے والوں سے ہمدردی کرے گا۔ کبھی کبھی وہ ملک الموت کی زد میں نہ ہو۔

وہ حکومت کے خطابات نہیں قبول کرتا لیکن خطاب یافتوں کو اپنے اثر میں رکھتا ہے۔ کونسل اور کمیٹی میں نہیں بولتا لیکن کونسل اور کمیٹی میں بولنے والے اس کی زبان سے بولتے ہیں۔ وہ کبھی بیمار نہیں پڑتا لیکن بیماری اسی طرح مناتا ہے جس طرح دوسرے

تعطیل مناتے ہیں اس کا بیمار ہونا درحقیقت اپنی صحت منانا ہوتا ہے۔ وہ ہر طرح کے جرم کا مرتکب ہوتا ہے لیکن ماخوذ کسی میں نہیں ہوتا۔ جرائم پیشہ ہوتا ہے سزا یافتہ نہیں ہوتا۔

مذہبی گھاگ کو مذہب سے وہی نسبت ہے جو بعض نوجوانوں کو اپنے والدین سے ہوتی ہے۔ وہ والدین کو اپنا کمزور اور مضبوط دونوں پہلو سمجھتا ہے۔ ایک طرف تو وہ ان کو حکام کے آستانوں پر حاضر ہوکر مرادیں مانگنے کا وسیلہ سمجھتا ہے دوسری طرف اگر وہ خود تعلیم یافتہ روشن خیال اور اسی طرح کی بیوی کا شوہر ہے اور والدین ذی حیثیت نہیں ہیں تو ان کو حکامِ عالی مقام کے چپراسی سے بھی چھپانے کی کوشش کرے گا۔ ضرورت پڑ جائے گی تو مذہب کا واسطہ دلا کر دوسروں کو ہندوستان سے ہجرت پر آمادہ کرے گا کسی اور موقع پر مذہب ہی کی آڑ پکڑ کر دارالحرب میں سود لینے لگے گا۔ وہ تارکِ حوالات رہے گا۔ تارکِ لذت نہ ہوگا۔

ایک شخص کا کردار یوں بیان کیا گیا۔ پیش ملا قاضی پیش قاضی ملا۔ پیش ہیچ ہر دو، وپیش ہر دو ہیچ۔ یعنی وہ ملا کے سامنے قاضی بنا رہتا ہے اور قاضی کے سامنے ملا۔ دونوں میں سے کسی کا سامنا نہ ہو تو دونوں حیثیتیں اختیار کر لیتا ہے اور دونوں موجود ہوں تو کہیں کا نہیں رہتا۔ یہ مقولہ گھاگ پر صادق آتا ہے۔ گھاگ ایسا موقع ہی نہیں آنے دیتا کہ ''وہ کہیں کا نہ رہے'' گھاگ کی یہ مستند پہچان ہے۔

دفعتاً حاجی بلغ العلیٰ وارد ہوئے اور آتے ہی بے ربط سوالات اور دوسرے اضطراری یا اختیاری اشغال سے ایک دھوم مچادی۔ کمرے میں داخل ہونے سے پہلے دور ہی سے سلام علیکم۔ کمبل بردوش ریش بداماں، پوچھنے لگے، نظر کیوں نہیں آتے سگریٹ لاؤ۔ پانی منگاؤ، آخر دیر کیا ہے، کھانا کھا چکے ہو، کچھ معلوم ہوا، کمیشن والے آج ٹینس کھیلیں گے یا ڈاکٹر ضیاء الدین صاحب کا بیان لیں گے۔ اچھا کوئی گانا سناؤ۔ ''آمد شہزادہ ہے گلشن ہے سارا لکھنؤ!'' ایک کرسی پر جا بیٹھے ٹھیک طور سے جگہ نہیں پکڑی

تھی کہ کھڑے ہو کر دیوار پر آویزاں تصویر دیکھنے لگے لیکن جیسے تصویر دیکھنا نہیں وقت گزارنا مدِ نظر ہو۔ وہاں سے جست کی تو چارپائی پر دراز اور کمبل میں ملفوف چند لمحے کے بعد اٹھ بیٹھے جیسے کوئی بھولی بات یاد آ گئی ہو۔ پھر یوں لیٹ گئے جیسے اس چیز کو اس کے ساتھ ساری کائنات کو صبر کر بیٹھے ہوں۔ پانی آیا، فرمایا نہیں دیا سلائی لاؤ۔ وہ آئی تو جلانے کے بجائے اس سے خلال کرنے لگے۔ کچھ کتابیں الٹیں۔ اخبار کے اوراق زیر و زبر کر ڈالے فرمایا یہ سب تو ہوا بتاؤ فلاں صاحب مکان پر ملیں گے۔ اور ہاں تم کچھ لکھ رہے تھے عرض کیا ''گھاگ'' فرمایا شیطنت سے باز نہ آؤ گے۔ اب دیکھتا ہوں تو حاجی صاحب صحن کے دروازے سے غائب ہوتے نظر آئے۔

جیسا کہ بیان کیا جا سکتا ہے ہر جماعت میں گھاگ ہوتے ہیں۔ یہاں تک کہ فرشتوں میں جب ''مسلسل و مدام'' عبادت ہونے لگی تو مصلحت الٰہی نے آدم کو پیدا۔ فرشتوں کا یہ کہنا کہ یہ صفحۂ ہستی پر فساد پھیلائیں گے گھاگ کی آمد کا پیش خیمہ تھا۔ جس طور پر کٹر ملحد اور دہریے کبھی کبھی کٹر موحد اور متقی ہو جاتے ہیں اسی طور پر فرشتوں کے معصوم طبقے میں ابلیس (گھاگ) پیدا ہوا۔ گندم چشی پر آدم و حوا سے باز پرس کی گئی۔ گھاگس تھے گھگھی بندھ گئی۔ اپنی خطا کا اس طرح اعتراف کیا جیسے اس پر ان کو قدرت حاصل تھی۔ گھاگ سے جواب طلب کیا گیا تو اس نے جواب دیا۔

''مجھے آخر کس نے گمراہ کیا'' یہ سوال ارتکابِ جرم سے زیادہ سنگین تھا۔ گھاگ اور گھاگس دونوں جلا وطن کیے گئے اور اس جہان میں پھینک دیئے گئے جہاں نبرد آزمائی کے ہر ایک کو مساوی مواقع ملے جس کی طرف اقبال نے اشارہ کیا ہے۔

مزی اندر جہان کور ذوقے

کہ یزدان دارد و شیطان ندارد

عظیم بیگ چغتائی

الشذری

چودھری صاحب سے میری پہلی ملاقات تو جب ہوئی جب میں دوسری جماعت میں داخل ہوا۔ جس وقت میں درجہ اوّل میں آیا تو دیکھا کہ چودھری صاحب مرغا بنے ہوئے ہیں۔ اس مبارک پرند کی وضع قطع چودھری صاحب کو مجبوراً تھوڑی دیر کے لیے اختیار کرنا پڑی تھی۔ وہ میرے پاس آکر بیٹھے اور سبق یاد کرنے کے وجوہ اور اس کے خطرناک نتائج پر گفتگو رہی کہ ماسٹر صاحب کے ڈنڈے نے یہ عارضی صحبت درہم برہم کر دی۔ میں تو گرفتار تھا اس لیے بچ گیا۔ اور چودھری صاحب الگ بٹھائے گئے۔ یہ تو گویا پہلی ملاقات تھی۔ اس کے بعد کالج تک ساتھ رہا۔

بی۔ اے میں چودھری صاحب عازمِ بیت اللہ ہوئے۔ حج کرنے میں سب سے زیادہ خطرہ اس بات کا تھا کہ حاضریاں کم ہو جائیں گی اور امتحان میں شرکت کی اجازت نہ ملے گی۔ چنانچہ یہی ہوا کہ حج سے جو واپس ہوئے تو اپنا نام کالج کے نوٹس بورڈ پر آویزاں پایا۔ ان لڑکوں کی فہرست میں جو کالج سے غیر حاضر رہنے کی پاداش میں امتحان سے روکے جانے والے تھے۔

''ذرا غور تو کیجئے''۔ چودھری صاحب بولے۔ ''یہ ستم نہیں تو اور کیا ہے۔ اگر کرکٹ کی ٹیم مہینے بھر کے لیے باہر جائے تو سب کو حاضریاں ملیں۔ اگر لڑکے چتوڑ کا قلعہ اور دہلی کے کھنڈر دیکھنے جائیں تو شعبۂ تاریخ کے پروفیسر صاحب اس سیر سپاٹے کو

حصۂ تعلیمی سمجھ کر حاضریاں پوری کروائیں۔ آخر تکمیل دینیات کے سلسلے میں اگر کوئی حرمین شریف جائے تو اس کو کس بناء پر پوری حاضریاں نہ ملیں؟ جیسے اور مضامین مثلاً اقتصادیات وتواریخ ہیں ویسے دینیات بھی لازمی مضمون ہے''۔

ان کی کوششیں رائیگاں نہ گئیں اور محکمۂ دینیات کے پروفیسروں نے چودھری صاحب کی پوری حاضریاں دلوائیں اور امتحان میں شرکت کی اجازت مل گئی۔

(۱)

حج سے پہلے وہ چودھری صاحب تھے اور حج کے بعد ''الحاج الشذری الہندی'' بہت غور وخوض کے بعد تمام عربی قواعد کو ملحوظ رکھتے ہوئے حجاز میں پہنچ کر لفظ ''چودھری'' معرب ہو کر ''الشذری'' ہو گیا تھا اور یہ ارتقائی نشو ونما چودھری صاحب کی ذاتِ شریف میں اس قدر حلول کر گئی تھی کہ خالص عرب کا باشندہ تو کوٹ پتلون بھی پہن سکتا ہے مگر ''الشذری'' اس سے مجبور تھے۔ اور عربی جبہ وقبہ پسند کرنے لگے تھے لیکن باوجود مختصر ڈاڑھی اور عربی لبادہ اور انتہائی کوشش کے وہ کسی طرف سے عرب معلوم نہ ہوتے تھے۔ ان کی تمام کوششیں اپنے کو عرب بنانے میں بالکل اسی طرح ضائع جاتی تھیں جس طرح بعض دیسی عیسائی کوٹ پتلون پہن کر غلط اردو دیدہ ودانستہ بولتے ہیں اور غلط انگریزی مجبوراً۔ اور تہ پہ تہ سفید پاؤڈر کی لگاتے ہیں مگر حقیقت نہیں چھپتی اور بعینہ یہ معلوم ہوتا ہے کہ جس کمرہ میں قلعی ہوئی ہے اس میں کسی زمانہ میں ضرور باورچی خانہ تھا۔ نہ یورپین انٹر میں بیٹھنے سے کام چلتا ہے اور نہ یورپین نرخ پر چائے خریدنے سے۔ غرض یہی حالت چودھری صاحب کی تھی کہ عرب بننے کی تمام کوششیں رائیگاں جاتی تھیں۔

میں نے اور انہوں نے تعلیم ساتھ پائی تھی۔ دونوں کی عربی دانی کی قابلیت بھی برابر تھی۔ اگر وہ روانی کے ساتھ قرآن مجید پڑھ سکتے تھے تو اٹک اٹک کر میں بھی پڑھ سکتا تھا۔ رہ گیا سوال معنی کا تو یہ کبھی طے نہ ہو سکا کہ میں اس میں ان پر فوقیت رکھتا ہوں

یاد ہ مجھ پر۔ لیکن حج سے واپس آنے کے بعد ان کو بہت سی چیزوں کی عربی معلوم ہو گئی تھی اور اس کا میرے پاس کوئی علاج نہ تھا۔

چودھری صاحب کا اتنا پرانا ساتھ، پھر اتفاق کی بات کہ ساتھ ہی عراق کا سفر در پیش ہوا۔

بغداد کی گلیوں میں دو آدمی ... میں اور شنذری مارے مارے پھر رہے ہیں۔ دونوں میں سے واقعہ دراصل یوں ہے کہ ایک بھی عربی نہیں جانتا۔ شہر کی چیخ و پکار کیا ہے؟ یقین مانیے کہ گویا چاروں طرف قل ہو اللہ پڑھی جا رہی ہے۔ میں اور چودھری صاحب دونوں عربی نہیں جانتے۔ لیکن پھر بھی مجھ میں اور چودھری صاحب میں زمین آسمان کا فرق ہے۔

''تم احمق ہو''۔ بھائی شنذری نے کہا۔ ''ارے میاں عربی بولنا اور سمجھنا اس قدر آسان ہے کہ وہ ہر شخص جو ہماری اور تمہاری طرح اردو جانتا ہے اور فارسی میں بھی قدرے دخل رکھتا ہے بڑی آسانی سے عربی بول اور سمجھ سکتا ہے''۔

میں نے تنگ آ کر کہا'' خدا گواہ ہے، آج تیسرا دن ہے کہ بغداد آئے ہیں مگر میری سمجھ میں یہاں کا ایک حرف نہیں آتا۔ طبیعت ہے کہ الٹی جاتی ہے۔ خدا کی پناہ تربوز مانگو تو چھوارے دے رہے ہیں اور روٹی مانگو تو پانی۔ یہاں سے جلدی بھاگنا چاہیے۔ میری عمر تو گذر جائے گی اور یہ عربی سمجھ میں نہ آئے گی''۔

ادھر تو میرا یہ حال اور ادھر بھائی شنذری کا یہ خیال کہ کچھ نہیں صرف معمولی اردو میں۔ مثل، ذل، ال، کم وغیرہ لگاؤ بس عربی ہو گئی۔ اسی بنا پر چودھری صاحب بقول خود عربی دانی کا قائل ہی نہ ہوتا تھا۔ اگر سڑک پر دو آدمیوں میں حجت یا لڑائی ہو رہی ہو تو چودھری صاحب کا فرض ہوتا کہ لڑائی کی وجہ سے مجھے آگاہ کریں اور یہ ظاہر کریں کہ

عربی سمجھتے ہیں۔ یا پھر کہیں سائن بورڈ پر نظر جائے تو ناممکن کہ اس کی تفسیر میرے سامنے نہ پیش ہو۔ مجھ کو یہ باتیں ان کی کہاں تک تکلیف نہ دیتیں جبکہ میں خوب اچھی طرح جانتا تھا کہ یہ حضرت کسی طرح بھی مجھ سے زیادہ عربی جاننے کے اہل نہیں۔

ایک روز کا ذکر ہے کہ ہم دونوں مدینہ کے قاضی صاحب سے ملنے جا رہے تھے۔ راستہ میں چودھری صاحب میرا ہاتھ پکڑ کر ایک چائے کی دکان پر چڑھ گئے۔ آٹھ درجن فنجان کا آرڈر دیا گیا۔ میں نے تعجب سے چودھری صاحب کی طرف دیکھا۔ اوّل تو مجھ کو اس قسم کی چائے سے کوئی دلچسپی نہیں کہ پھیکی سیٹھی بغیر دودھ کی چائے بیٹھے شیشے کے فنجانوں میں پی رہے ہیں اور پھر یہاں ایک نہ دو بلکہ آٹھ درجن فنجان چائے جو میں کسی طرح بھی نہ پی سکتا تھا۔ میں نے چودھری صاحب سے کہا۔ ''آخر یہ کیا حماقت ہے؟'' چودھری صاحب تنک کر بولے۔ ''دام ہم دیں گے، تم کیا جانو۔ عربی سمجھتے نہیں، نہ یہاں کے نرخ کا پتہ، دیکھو آج ہم تم کو دکھاتے ہیں کہ کسی ملک میں جانا اور وہاں کی زبان سمجھنا کتنا مفید ہوتا ہے''۔ غرض چائے آئی اور خوب پی اور لنڈھائی۔ پھر بھی بچ رہی۔ آخر کہاں تک پیتے مگر چودھری صاحب نے ''زرمی خورم'' کر ڈالا۔

جب چائے کا بل پیش ہوا تو چودھری صاحب سٹپٹائے۔ قریب قریب دو ڈیڑھ پیسہ فی فنجان طلب کر رہا تھا اور چودھری صاحب ایک درجن فنجان کے دام ایک یا ڈیڑھ پیسہ کے حساب سے دے رہے تھے۔ کہاں ایک پیسہ فی فنجان اور کہاں ایک پیسہ فی درجن۔ جب غلط سلط عربی سے معاملہ نہ سلجھا تو حضرت شنذری نے دکاندار کا ہاتھ پکڑ کر سڑک پر لا کھڑا کیا۔ اور دکاندار کے کھمبے پر جو نرخ لکھا ہوا تھا۔ اس کی طرف دکاندار کی توجہ مبذول کرائی کہ جب کھلم کھلا نرخ لکھ رہا ہے تب آخر کیوں دام زیادہ مانگتے ہو؟ دکاندار نے اس عبارت کو پڑھا کچھ چکرایا۔ ادھر ادھر دیکھا۔ سارے میں

اس سرے سے اس سرے تک تمام دکانوں پر خواہ وہ چائے کی ہوں یا کھجوروں کی، اور یا گوشت کی، بڑے بڑے سیاہ حروف میں یہ عبارت لکھی ہوئی تھی۔ جس کا اردو میں ترجمہ ہوتا تھا۔ "ایک پیسہ میں ایک درجن فنجان چائے۔" دکاندار نے کہا "میں نے یہ نہیں لکھا، کوئی مردود سارے بازار میں یہی لکھتا چلا گیا۔ اور میں اس کا ذمہ دار نہیں"۔ مجھے ایک دم سے خیال آیا اور میں نے چودھری صاحب کو ہندوستان کے اسی قسم کے اشتہار یاد دلائے۔ "ایک پیسہ ایک درجن چائے کی پیالیاں" یا پھر "گرمیوں میں گرم چائے ٹھنڈک پہنچاتی ہے"۔ یہ مرض عراق میں بھی پھیلا ہوا ہے۔ اس بدعت کی ذمہ دار چائے کی کمپنیاں تھیں نہ کہ کوئی چائے والا۔

میں نے چودھری صاحب کی عربی دانی کو اس کا ذمہ دار ٹھہرایا۔ چودھری صاحب کا یہ کہنا کہ "آپ کون ہوتے ہیں۔ دام میرے گئے یا آپ کے" مجھ کو خاموش کر دینے کے لیے کافی تھا۔

(۲)

چائے پی کر ہم حضرت قاضی صاحب کے یہاں گئے۔ بدقسمتی سے وہ نہ ملے، اور اپنا ملاقاتی کارڈ چھوڑ کر دریا کے کنارے پہنچے۔

عراق میں ایک ناؤ ایسی بھی ہوتی ہے، جیسے گول پیالہ۔ خوش قسمتی سے ایسی ہی ناؤ ملی۔ میں تو چپ کھڑا رہا اور چودھری صاحب نے ہندوستانی عربی یا بالفاظ دیگر عراقی اردو میں بات چیت شروع کی۔ خدا معلوم انہوں نے کیا کہا اور ملاح نے کیا سمجھا مگر نتیجہ اس گفت و شنید کا یہ ہوا کہ ہم دونوں ناؤ میں بیٹھ گئے اور دریا کی سیر ہونے لگی۔ اس ناؤ کی تعریف کے چودھری صاحب نے پل باندھ دیئے۔ کہنے لگے کہ "اس ناؤ میں خاص بات یہ ہے کہ بھنور یعنی گرداب میں پڑ کر بھی نہیں ڈوبتی"۔ میں نے تعجب ظاہر کیا تو انہوں نے کہا کہ "دیکھو ابھی اسے گرداب میں لے چلیں گے، تاکہ تم خود دیکھ

لو"۔ میں نے کہا" خدا کے واسطے رحم کیجئے۔ مجھ کو ذرہ بھر بھی شک نہیں، آپ سچ کہتے ہیں اور مجھ کو تسلیم ہے کہ کم بخت ناؤ حضرت نوح کی کشتی کا مقابلہ کرلے گی"۔ مگر وہ نہ مانے پر نہ مانے بیچ دریا کے بہاؤ سے ذرا ہٹ کر بڑے زور و شور سے بھنور پڑ رہا تھا جس کو دیکھنے سے ڈر لگتا تھا۔ چودھری صاحب ملاح سے غلط سلط عراقی اردو بول رہے تھے۔ چونکہ لفظ عمیق جانتے تھے لہٰذا تمام تر دریا کی گہرائی پر گفتگو ہو رہی تھی۔ اب ملاح سے انہوں نے اس خوفناک بھنور کی طرف انگلی اٹھا کر کہا" لہ غریق کشتی من الگرداب"۔ لفظ گرداب پر انگلی سے بھنور کی شکل بنائی اور بھنور میں ناؤ لے چلنے کا اشارہ کیا۔ میں نے کہا۔ خدا کے واسطے میرے اوپر رحم کرو۔ مگر وہ میری سنتے ہی نہ تھے۔ "ٹھہرو جی"۔ کہہ کر میرا ہاتھ انہوں نے جھٹک دیا۔ ملاح نے نہ معلوم ان سے کیا کہا جس کو یہ قطعی نہ سمجھے ہوں گے مگر بات چیت بھلا کیسے رک سکتی۔ عربی میں فارسی اور انگریزی تمام الفاظ بولے جاتے خواہ کوئی سمجھے یا نہ سمجھے ان کی بلا سے۔

نتیجہ یہ نکلا کہ میں چیختا پیٹتا رہ گیا اور ملاح نے تیزی سے کشتی کو لے جا کر گرداب میں ڈال دیا اور کشتی نے چرخ گھومنا شروع کیا۔ جب کشتی گھومی تو اوّل تو مجھے ڈر لگا۔ لیکن پھر لطف آیا۔ ہم دونوں کشتی کا کنارہ پکڑے نیچے پانی کو دیکھنے لگے۔ یہ لطف بہت عارضی تھا اور میرا سر چکرایا۔ میں نے واپس چلنے کو کہا۔ اتنے میں موذی ملاح نے پانی میں پتوار ڈال کر ناؤ کی گردش میں اضافہ کر دیا۔ چودھری صاحب ہنس رہے تھے۔ میں نے اس سے کہا کہ" خدا کے واسطے بس کرو۔ میرا سر پھٹا"۔ میں یہ کہہ ہی رہا تھا کہ مجھے ایسا معلوم ہوا کہ جیسے پانی کی سطح پر الٹا لٹکا ہوا گھوم رہا ہوں۔ اب چودھری صاحب کو بھی چکر آئے۔ وہ دراصل ضبط کر رہے تھے۔ ورنہ ان کی اور میری حالت یکساں تھی۔ وہ پھر ہنس رہے تھے لیکن میں تو سر پکڑ کر بیٹھ گیا اور زور سے چلّایا کہ" خدا کے واسطے ناؤ روکو"۔ چودھری صاحب اس خیال میں تھے کہ جب جی چاہے گا رکوالیں گے۔ چنانچہ

اب انہوں نے خود ڈگمگاتے ہوئے ملاح سے کہا۔ ''ایھا الشیخ شدۃ المن الدقص اخرج من الگرداب ''۔ بانگڑ و ملاح واللہ اعلم سمجھا بھی ہوگا یا نہیں کہ فارسی میں بھنور کو گرداب کہتے ہیں۔ اور پھر الشذری اور خود اس کے عربی کپڑوں کی پھڑ پھڑاہٹ اور دریا کا شور اور پھر لٹو کی طرح ناؤ کی گردش، سمجھنا تو درکنار ملاح نے سنا بھی کہ نہیں۔ اس نے سنا اور نہ سمجھا اور نہ سننے یا سمجھنے کی کوشش کی اور اللہ کا نام لے کر دانتوں سے اپنے ہونٹ دبا کر۔ ''ایاغ ''۔ کہہ کر زور سے چتوار پانی میں ڈال کر ناؤ کو اور بھی گھن چکر کر دیا۔ میں تو آنکھیں بند کر کے چلا کر سجدے میں گرا اور ادھر الشذری ''ایھا الشیخ '' کا نعرہ مار کر جو اپنی جگہ سے ہٹے تو میرے سر پر نازل ہوئے۔ اٹھے اور پھر گرے اور لوٹن کبوتر کی طرح لوٹنے لگے۔ ایک طرف اپنے گھٹنے توڑ رہے تھے تو دوسری طرف اپنی داڑھی اور ٹھوڑی سے میری پیٹھ۔ ان کی ٹھوڑی میری پیٹھ میں کس طرح لگ رہی تھی، اس کا اندازہ اس سے ہو سکتا ہے کہ میں ایسے وقت میں بھی پچھتا رہا تھا کہ ناحق میں نے کہہ سن کر ان کی ڈاڑھی کم کرائی۔ میں سجدے میں پڑا۔ ''سبحان ربی الاعلیے'' کہے جا رہا تھا۔ ''خدا کے واسطے نکالو''۔ ادھر الشذری بوکھلا کر چلائے۔ ''شلۃ المن الرقاصہ ایے ایھا الشیخ خدا کے واسطے اخرج من الگرداب ارے مرا''۔ میں پھر چلایا ''ہائے مرا''۔ ادھر اس نانجار ملاح نے ایک مرتبہ اور پانی میں چتوار ڈال کر زور سے چکر کی تیزی میں اضافہ کر دیا۔ میری یہ عالت ہوگئی کہ سر پھٹا جا رہا تھا اور یقین ہو گیا کہ سر چکرا کر اب موت واقع ہو رہی ہے چودھری صاحب نے اب دہائی اور تہائی دینا شروع کی اور میں پڑے پڑے ان کی کوششوں کی داد دے رہا تھا۔ وہ چلا رہے تھے ''اے نالائق شیخ ...... برحمتک کم بخت اشلۃ من الرقص ... ارے احزج ...... من الگرداب، اے موذی ناؤ نکال''۔ چکرا کر وہ میرے اوپر پھر گرے۔ میں نے آنکھ کھول کر دیکھا، ساری دنیا گھوم

رہی تھی۔ چودھری صاحب نے پھر دھاڑ کر کہا۔''ایھا الشیخ ابے اُلو......ابن الالّو والخنزیر......قسم خدا کی......واللہ......ارے بھئی شیخ ارے اشدۃ المن الرقص......ارے مرے......ابے روک......روک......اے نکال......یا اللہ......ابے ایھا الشیخ من الموذی اخرج من الماء الگرداب......نالائق......بدمعاش......واللہ......بھئی شیخ''۔مگر توبہ کیجئے بھلا ان باتوں سے کہیں ناؤ رکنے والی تھی سر پٹک پٹک کر ہم دونوں بے ہوش ہو گئے۔

نہ معلوم کتنی دیر بعد آنکھ کھلی تو اپنے آپ کو دریا کے کنارے بے بس پایا۔ مارے درد کے سر پھٹا جا رہا تھا۔ تمام چائے دریا برد ہو چکی تھی۔ نہ طاقتِ رفتار تھی، نہ طاقتِ گفتار۔ بڑی دیر تک اس پسپائیت کے عالم میں پڑے رہے۔ بڑی کوششوں کے بعد بھائی شنذری نہ معلوم کس طرح اٹھ کھڑے ہوئے کہ چاروں شانے چت گرتے اور ادھر وہ نابکار ملاح ہنس رہا تھا اور اپنی مزدوری کا طالب تھا، ادھر الشنذری مزدوری نہ دیتے تھے اور اپنی گردابی عربی اس نقاہت میں بول رہے تھے۔

جب ایک فارسی داں حضرت کا ادھر سے گذر ہوا تو معاملہ صاف ہوا۔ ادھر الشنذری نے ملاح کی شکایت کی کہ ہم دونوں کو اس نے ناؤ میں چرخ دے کر ادھ مرا کر دیا اور مزدوری مانگتا ہے۔ اور ادھر ملاح نے کہا کہ''ایسے لوگ بھی کم دیکھنے میں آئے ہوں گے کہ مارے چکر کے مرے جا رہے تھے مگر بار بار یہی کہتے تھے کہ ناؤ کی شدت کے ساتھ رقص کراؤ۔ میرا خود سر چکرا گیا۔ اور دگنی مزدوری واجب ہے''۔

''ارے کم بخت چودھری''۔ میں نے مری ہوئی آواز میں کہا''یہ تمہاری عربی میری جان لے گی۔ یاد رکھو اگر میں مر گیا تو یہ خون تمہاری گردن پر ہوگا''۔

قصہ مختصر ملاح کو مزدوری دینی پڑی اور ہم گدھوں پر لاد کر گھر پہنچائے گئے۔ بھیجا

بل گیا تھا۔ اور ہلنا جلنا دو بھر تھا۔ رہ رہ کر میں الشذری کو کوستا تھا کہ ''ملعون تیری گردابی عربی نے میری جان لے لی''۔

تین چار روز تک دونوں کا حال پتلا رہا۔ معلوم ہوا کہ اکثر لوگ ناؤ کو گرداب میں ڈلوا کر رقص کراتے ہیں۔ یہ سب کچھ ہوا مگر چودھری صاحب نہ قائل ہوئے۔ وہ بھی یہی کہے گئے کہ ''سب شرارت ملاح کی تھی اور اس نے جان بوجھ کر ہماری لسی بنا ڈالی''۔ واللہ اعلم

اسی ہفتے میں جب ہم دونوں کے دماغوں میں توازن قائم ہو گیا تو مدینہ منورہ کے قاضی صاحب کے یہاں پہنچے۔ قاضی صاحب موصوف کو ابنِ سعود کے حملہ کی وجہ سے وطن چھوڑنا پڑا تو حیدر آباد پہنچے، وہاں سرکار نظام سے سو روپیہ ماہوار کی پنشن مقرر ہوگئی۔ کچھ عرصہ تک ہندوستان کی سیاحت کی، پھر عراق میں سکونت پذیر ہو گئے۔ انہوں نے اچھی طرح سفر کیا تھا اور ہندوستانیوں سے ان کو محبت تھی۔

ایک فارسی داں عراقی کرم فرما نے ہم دونوں کو قاضی صاحب سے ملایا۔ وہ بہت جلد مختصر سا تعارف کرا کے چلے گئے اور ہم دونوں رہ گئے۔ چودھری صاحب نے فوراً حسبِ عادت غلط سلط عربی بولنا شروع کر دی۔ قاضی صاحب ایک لفظ فارسی کا نہ جانتے تھے اور ٹھیٹ عربی میں باتیں کر رہے تھے۔ اگر کسی جملے کے دو ایک لفظ جو اردو میں رائج ہیں۔ میں سمجھ لیتا تو اندازے سے جملہ کا تھوڑا بہت مطلب بھی سمجھ لیتا، ورنہ قاضی صاحب کی گفتگو سمجھنا دشوار تھی۔ مگر بھائی الشذری شاید مجھ سے دوگنا سمجھ رہے تھے۔ قاضی صاحب حیدر آباد، بمبئی، لاہور، دہلی، آگرہ وغیرہ کی سیر کر چکے تھے۔ اتنا تو پتہ چلتا تھا کہ ان مقامات کا ذکر رہے ہیں باقی میری سمجھ میں کچھ آتا نہ تھا۔ لیکن بھائی الشذری بیچ میں بار بار بول اٹھتے تھے۔ بہت ممکن ہے کہ وہ قاضی صاحب کی گفتگو حرف

بحرف سمجھ رہے ہوں۔ میرے بارے میں وہ بہت پیشتر ہی قاضی صاحب سے یہ کہہ کر خاموش ہو چکے تھے کہ ''لاعلم لسان العربی ''۔یعنی یہ عربی قطعی نہیں جانتے۔لہٰذا اب قاضی صاحب بھائی شذری کی طرف مخاطب تھے اور یہ سمجھتے تھے کہ یہ سب کچھ سمجھ رہا ہے حالانکہ میں یقین سے کہتا ہوں کہ وہ اتنا ہی قاضی صاحب کی گفتگو سے بہرہ اندوز ہور ہے تھے جتنا کہ میں۔آگرہ کے لفظ کے ساتھ ایک ہی جملے میں تاج محل کا نام آیا اور پھر تعریفی الفاظ۔اس موقع پر الشذری سمجھ رہے تھے کہ تاج محل خوان کی ملکیت ہے۔ کیونکہ خود آگرہ کے باشندے تھے۔ اظہار خصوصیت ضروری سمجھا اور قاضی صاحب سے انہوں نے کہا۔''انا اھل بلدہ آگرہ ''۔یعنی میں بھی شہر آگرہ کا رہنے والا ہوں۔قاضی صاحب سمجھ گئے۔فوراً ہی انہوں نے کہا۔''مگر تم تو علی گڑھ سے آئے ہو''۔ میں بھی اندازاً مطلب سمجھ گیا اور شذری بھی۔اس پر الشذری بولے۔''انا اھل آگرہ مگر طالب علم من الدار العلوم فی علی گڑہ ''۔قاضی صاحب باجود''مگر'' کے سمجھ گئے کیونکہ علی گڑھ یونیورسٹی کا نام سن چکے تھے۔بطور شکایت کے الشذری نے کہنا چاہا کہ آپ آگرہ آئے مگر علی گڑھ نہ آئے۔لفظ آئے کی عربی تو جانتے نہ تھے،یا یاد نہ تھی،لہٰذا نازل ہونا استعمال کیا۔''ضرت نزول فی آگرہ من البمبئی لا نازل علی گڑہ ''۔قاضی صاحب سمجھ گئے اور تیزی سے وجہ بیان کرنے لگے جو نہ الشذری سمجھے اور نہ میں۔مگر الشذری سر ہلا رہے تھے اور بولے۔''ھنا دار العلوم علی گڑہ معروفا کثیر المن الھند و الدھر ''۔یعنی علی گڑھ یونیورسٹی ہندوستان اور دنیا میں مشہور و معروف ہے۔اس کے بعد ہی قاضی صاحب نے پوچھا کہ بمبئی سے علی گڑھ کتنی دور ہے۔اب الشذری ذرا چکرائے کیونکہ نہ تو عربی گنتی جانتے تھے اور نہ میل کی عربی۔میری تجویز کہ الف لیلہ کا الف بمعنی ہزار اور فرسخ بجائے میل کام دے جائے گا۔انہوں نے''ٹھہرو جی'' کہہ کر روک دی۔اور

قاضی صاحب سے بولے ''فاصلہ از علیگڑہ من البمبئی یک لیل و یک نہار ''۔ یک لیل و یک نہار کلمہ کی انگلی سے بتا کر جوش کے ساتھ انگلی ہلائی۔ ایسے کہ باوجود کہ قاضی صاحب فارسی نہ جانتے تھے مگر مطلب قطعی سمجھ گئے، ایک دن ایک رات کا سفر ہے۔ میں بھی الشذری کی قابلیت کی داد دینے لگا۔ لیکن قاضی صاحب نے فوراً ہی سرسید کا تیزی سے کچھ ذکر کر کے ایک اور ٹیڑھا سوال اٹکا دیا۔ وہ یہ کہ سر سید مرحوم کے کوئی اولاد میں سے ہے بھی کہ نہیں اور ہے تو کیا کرتا ہے مگر الشذری تو عربی زبان کے ماہر ہو چکے تھے۔ میری تجویزوں کو رد کرتے ہوئے بولے کہ ''ٹھہرو جی مجھے عربی بنانے دو''۔ بہت جلد الشذری نے قاضی صاحب کو جواب دیا۔ ''سید راس مسعود بن سید جسٹس محمود بن سر سید ''۔ اس پر قاضی صاحب نے پوچھا کہ ''سید محمود کیا کرتے ہیں؟'' تو میں نے الشذری سے کہا کہ ''بعد وہ وانا للہ وانا الیہ راجعون مگر الشذری نے میری تجویز رد کر کے کہا۔ رحمتہ اللہ علیہ واقعی مناسب جواب تھا اور قاضی صاحب سمجھ گئے۔ لیکن الشذری نے اور بھی واضح کر دیا اور اپنے جواب کو مکمل کر کے دہرایا۔ ''سید راس مسعود بن سید جسٹس محمود رحمته الله علیه بن سر سید علیه الرحمة ''۔ اور پھر اس پر بھی بس نہ کی اور کہا۔ ''بحیر تم والتعجب که حضرت نزول حیدر آباد و لاتعارف من الراس مسعود صدر محکمه تعلیمات حیدر آباد''۔ قاضی صاحب سمجھ گئے اور شاید اظہار تاسف کیا۔

تھوڑی دیر بعد ہم دونوں نے قاضی صاحب سے اجازت چاہی تو قاضی صاحب نے ہم دونوں سے جو کچھ بھی کہا۔ اس کا مطلب یہ تھا کہ ہم رات کا کھانا ان کے ساتھ ہی کھائیں۔

واپسی پر چودھری صاحب نے راستے میں اپنی عربی دانی کا سکہ میرے اوپر

بٹھانے کی کوشش کی اور میرا ناک میں دم کردیا۔ انہوں نے عربی قواعد زبان کی رو سے میرے تمام تجویز کردہ جوابات غلط بتائے اور کئی لفظوں کے بارے میں سخت بحث رہی، وہ کہتے تھے کہ عربی میں اور میں کہتا تھا کہ فارسی۔ تنگ آکر اپنی جان چھڑانے کے لیے میں نے تسلیم کرلیا کہ ''بیشک آپ کو مترجم کی امداد کی قطعی ضرورت نہیں''۔ شاید وہ اور میں دونوں ناؤ والا قصہ بالکل بھول گئے تھے۔

(۳)

بعد مغرب ہم دونوں قاضی صاحب کے یہاں پہنچے۔ بدقسمتی سے قاضی صاحب گھر پر نہ تھے۔ حبشی ملازم جس نے ہمیں صبح دیکھا تھا اور جانتا تھا کہ ہم لوگ دعوت کے سلسلہ میں آئے ہیں۔ بڑی بدتمیزی سے پیش آیا اور اس نے لے جاکر ہمیں کمرے میں بٹھایا ہم لوگوں کی بدقسمتی، ہاں بدقسمتی کہ یہ حبشی چلا گیا۔ اور تھوڑی دیر میں ایک دوسرا حبشی ملازم آگیا۔ یہ اس حبشی ملازم سے زیادہ خطرناک اور زیادہ حبشی تھا۔ مجھے صرف دو چیزوں سے ڈر لگتا ہے۔ ندوستان میں تو بلڈاگ سے اور عراق میں حبشی ملازم سے، واللہ اعلم ہندوستانیوں کو دوسرے قسم کے کتے کیوں نہیں ملتے اور عراقیوں کو دوسری قسم کے ملازم۔

جب کافی دیر ہوگئی اور دعوت کے آثار نظر نہ آئے تو میں نے کہا کہ۔ ''چودھری صاحب! یار کہیں غلطی تو نہیں ہوئی اور دعوت کل شب کو تو نہیں ہے۔ واقعہ بھی ہے کہ دعوت کے گھر میں تو خود بخود کچھ مہمان کو دعوت کے آثار معلوم ہو جاتے ہیں۔ فرش، روشنی، میز کرسی اور دوسری تمام چیزیں جو گھر میں نظر آتی ہیں یہ کہتی ہیں کہ''اے مہمان آج تیری دعوت ہے مگر یہاں تو فضا ہی سرد تھی۔ اور کچھ رنگ و بو کا پتہ نہ تھا۔ جب میں نے شبہ ظاہر کیا تو چودھری صاحب بھی گھبرائے اور غور کرنے پر معلوم ہوا کہ دعوت کے سلسلے میں جو قاضی صاحب سے باتیں ہوئی تھیں ان میں لفظ''رات''اور کھانا''تو یاد

پڑتا تھا مگر'' آج'' یا کل کا خیال نہیں۔ بہت یاد کیا مگر بیکار، نہ تو'' آج'' کی عربی معلوم تھی اور نہ ''کل'' کی۔ اگر قاضی صاحب نے ان الفاظ کا استعمال بھی کیا ہوگا تب بھی یاد نہ رہا۔ اس غلط فہمی کو رفع کرنے کے لیے الشذری نے اس حبشی کو پکارا۔ ''ایھا الشیخ ھذا لیل مجمع الطعام ''۔ یعنی دعوت باطعام کا مجمع آج ہی رات کو ہے۔ اس حبشی نے ہم دونوں کو سر سے پیر تک دیکھا۔ کیا یہ ممکن ہے کہ وہ غور کر رہا تھا کہ ہمارا ظاہر ہماری اصلیت سے مختلف ہے بد قسمتی سے وہ غور سے یہی دیکھ رہا تھا۔ مگر ہم دونوں کیسے اس تہ کو پہنچے۔ خوب اچھی طرح ہم دونوں کو بار بار تعجب سے دیکھ کر کچھ جواب دیا۔ میں نہیں کہہ سکتا کہ وہ چینی زبان بولا یا لاطینی، خاک سمجھ میں نہ آیا تو بھائی شذری بولے۔''انا الھندی و لا لسان العربیہ انت قل عجلت ''۔ بقول کسے خرابی ہو اس عربی جاننے والے کی جس کے سامنے بھائی شذری اس طرح عربی کی ٹانگ توڑیں۔ مطلب اس کا یہ تھا کہ ہم ہندی ہیں، لسان عربی نہیں جانتے۔ تم عجلت سے بولتے ہو۔ وہ شاید سمجھ گیا۔ اور اس نے بہت رسانیت سے پوچھا۔ مگر وہ بھی سمجھنا ناممکن تھا۔ لیکن کچھ ایسا شبہ ہوا کہ شبہ ہوا کہ کھانے کو پوچھتا ہے۔ میں نے چودھری صاحب سے کہا کہ'' بھائی خوب اطمینان کرلو، محض اندازے سے کام نہ لو''۔ مگر وہ نہ مانے اور کہنے لگے سر ہلا ہلا کر۔'' ہاں ہاں نعم نعم نعم''۔ اس نے معاملہ سمجھ کر سر ہلا دیا اور اشارہ کیا۔ ہم دونوں کو ایک دوسرے کمرے میں لاکر بٹھایا۔ اس کمرے میں معمولی فرش تھا اور بہت اجڑا سا کمرہ تھا۔ میں نے چودھری صاحب سے پوچھا کہ'' آخر ہم یہاں کیوں بیٹھیں گے''۔ مجھے برا معلوم دیا کہ چودھری صاحب خواہ مخواہ اپنی عربی دانی کے سلسلہ میں غلط بیانی سے کام لیتے ہیں۔ میں نے بگڑ کر کہا کہ'' تم غلط کہتے ہو، اس نے ہرگز یہ نہیں کہا۔ تم خاک نہیں سمجھتے۔ خواہ مخواہ مجھ پر رعب جماتے ہو''۔ اس پر چودھری صاحب بھی بگڑ گئے اور کہنے لگے کہ'' جب عربی نہیں جانتے تو خواہ مخواہ مجھ سے کیوں

الجھتے ہو؟''۔ جھائیں جھائیں کر ہی رہے تھے کہ ایک سینی میں کھانا آ گیا۔ میں نے نرمی سے اب چودھری صاحب سے کہا کہ بھئی آخر پوچھو تو کہ یہ معاملہ کیا ہے کہ میزبان خود ندارد''۔ کہنے لگے کہ ''میں دریافت کرتا ہوں''۔ آپ حبشی سے پوچھنے لگے۔ لا قاضی صاحب''۔ یعنی قاضی صاحب نہیں ہیں۔ ''**فی نزول بیتکم والشرکۃ لنا طعام**''۔ یعنی یہ کہ اپنے گھر پر کب آئیں گے اور کیا ہمارے ساتھ طعام میں شرکت نہ کریں گے؟ دراصل الشذری کی عربی بہ نسبت عربوں کے میں زیادہ سمجھتا تھا۔ واللہ اعلم وہ حبشی کیا سمجھا کچھ نہ کچھ تو ضرور سمجھا جو اس نے ہاتھ کے اشارے سے کہا۔ ''نہیں آئیں گے''۔ اور کچھ تیزی سے بول کر ہاتھ کے اشارے سے ہم سے جلدی کھانے کو کہا۔ میں نے الشذری سے کہا۔ ''ہمیں ہرگز اس طرح نہ کھانا چاہئے کیونکہ یہ کوئی ڈھنگ نہیں کہ میزبان ندارد، ہم کھانے بیٹھ جائیں۔ اس پر شذری بگڑ کھڑے ہوئے کہ ''تم عربی سادگی سے واقف نہیں۔ یہ بھی کوئی ہندوستان ہے کہ لازمی طور پر میزبان نوالہ گننے کے لیے ضرور ہی موجود ہو''۔ میں نے پھر الشذری سے کہا کہ ایک مرتبہ حبشی سے کچھ اشاروں ہی سے پوچھو کہ آخر یہ غیر معمولی بات کیوں ہے؟ ایھا الشیخ کر کے حبشی سے پھر جو شذری نے سوال کیا تو وہ بگڑ کھڑا ہوا۔ اور بدتمیزی سے ہاتھ کو جھٹکے دے کر نہ معلوم کیا بکنے لگا۔ اور پھر غصے ہو کر اشارہ سے کہا کہ کھانا کھاؤ۔ اب الشذری مجھ سے خفا ہونے لگے۔ ''جو میں کہتا ہوں وہ تم نہیں سنتے اس طرح بھی دعوتیں ہوتی ہیں''۔ پھر حجاز کی اسی قسم کی ایک آدھ دعوت کا تذکرہ کیا۔ جو خود انہوں نے کی تھی اور جب میں نے کہا کہ کوئی لفنگا آ کر تمہارے یہاں کھا گیا ہو تو میرے اوپر بے حد گرم ہوئے اور کھانے کو بسم اللہ کہہ کر آگے ہاتھ بڑھایا۔ خوان پوش جو ہٹا تو میری روح پرواز کر گئی۔ کیونکہ وہاں سوائے آب گوش اور روٹی کے اور کچھ بھی نہ تھا اور یہاں میں گویا بھوک پر دھار رکھ کر آیا تھا یہ آب گوش عجیب کھانا ہے خدا ہر ہندوستانی کو اس سے امن میں رکھے

بازاروں میں آپ دیکھ لیجئے کہ بڑی سی دیگ میں گوشت کے ٹکڑے گھلائے جا رہے ہیں۔ کچھ واجبی سا نمک اور روایتاً کہا جاتا ہے کہ از قسم لونگ وغیرہ بھی پڑتا ہے۔ بس اس جوشاندے کے ساتھ روٹی کھائی جاتی ہے۔ بوٹی ہڈی سے کوئی سروکار نہیں۔ جب دیگ کا پانی کم ہو جاتا ہے تو ڈال دیا جاتا ہے۔ مگر شاید ایک دفعہ کے علاوہ پھر نمک تو پڑتا نہیں۔ کیونکہ آب گوش کا پھیکا ہونا لازمی ہے۔ غرض یہ آب گوش تھا۔ جس کا لبالب بھرا ہوا بڑا سا پیالہ بازار سے دو پیسے کو آ سکتا تھا۔ میں نے ناامید ہو کر الشذری سے کہا۔

''بھئی مجھ سے یہ نہیں چلے گا۔ کیا معلوم تھا ورنہ گھر سے کھانا کھا کر آتے''۔

القصہ ہم نے کھانا شروع کیا۔ مجھ سے دو لقموں سے زائد نہ کھایا گیا وہ عربوں کی سادگی پر لیکچر دے رہے تھے۔ اور میں شوربے کی سادگی پر لیکچر دے رہا تھا۔ جو آب رواں سے بھی زیادہ پتلا تھا۔ میری دانست میں اس سے وضو قطعاً جائز ہوگا۔ غرض میں کھانے کے بجائے کھانے سے کھیلنے لگا۔ میں نے طے کر لیا تھا کہ میں گھر جا کر کھاؤں گا۔ مگر الشذری گویا ہٹ پہ ہٹ لگا رہے تھے آؤٹ ہونے سے پہلے ہی دو طویل القامت عرب وارد ہوئے۔ فوراً ہی بھائی الشذری نے ہاتھ کے اشارے سے ھــذا طــعـام کہہ کر ان کو مدعو کیا۔ اپنے ہندوستان میں قائدہ ہے کہ ایسے موقع پر بھوکے بھی ہوں تو کہہ دیتے ہیں کہ ''بسم اللہ کیجئے، خدا زائد دے''۔ مگر عراق میں بھوک نہ بھی لگ رہی ہو تب بھی آپ کا آدھا کھانا آپ کے کہنے سے پہلے ہی کھا جائیں گے۔ فوراً یہ دونوں کھانے لگے اور وہ بھی شاید شارٹ ہینڈ میں۔ کیونکہ بس چار لقموں ہی میں میدان صاف کر دیا۔ اتنے میں حبشی ملازم آیا۔ اور اس نے انہوں نے بلا تکلف کھانے کو کہا بڑی تیزی سے ان دونوں نے باتیں کیں۔ اور پھر ہم دونوں کی طرف گھور کر اس طرح دیکھا کہ بس کھا ہی تو جائیں گے، ادھر دوسری طرف اس نالائق حبشی نے آنکھیں گھمانا شروع کیں۔ میں کچھ گھبرایا اور الشذری بھی چکرائے کہ اتنے میں ایک غریب نے برہم

ہو کر الشذری سے کہا۔ ''ھندی مکار اولاد الکلب ''۔ الشذری تیزی سے خفا ہو کر بولے۔ ''انا اھل السلام ''۔ اس پر وہ پھٹ پڑا، اور دوسری طرف سے حبشی نے اپنے دانتوں کو چمکا کر گویا مُغلّظات سنانا شروع کیں۔ بڑی تیزی سے دونوں عرب اور حبشی ہم دونوں کو مُغلّظات سنا رہے تھے۔ لیکن بھائی شذری بھی کسی سے کم نہ تھے اور وہ اپنی بے تکی اڑا رہے تھے۔ **انا حبیب القاضی صاحب انا مدعونی طعام ھذا اللیل انت بداخلاق، انت توھین و تشھھیر انا قلت الفساد بالقاضی صاحب۔**

یعنی ہم قاضی صاحب کے دوست ہیں ہمیں آج رات دعوت میں مدعو کیا گیا۔ تم بداخلاق ہو، ہماری توہین و تشہیر کرتے ہو۔ اس فساد کا تذکرہ ہم قاضی صاحب سے کریں گے۔ وغیرہ وغیرہ۔ میرا خیال تھا کہ اگر کہیں جلدی سے کھانا نہ آتا تو نوبت غل غپ تک پہنچتی۔ اور عجب نہیں جو ہم اور شذری دونوں وہیں جامِ شہادت نوش کرتے۔ عربوں کی بھی طبیعت عجیب ہے۔ آدمی سے لڑائی ان کی نہیں ہوتی بلکہ بات کی۔ ادھر کھانا آیا اور ادھر خلقِ مجسم بن گئے۔ ہم دونوں کو ان دونوں نے جبر اراضی کر کے کھلانا شروع کیا۔ میں نے تو ایک لقمہ لے کر ہاتھ کھینچا مگر بھائی شذری نے اور کھایا۔

اتنے میں قاضی صاحب آ گئے مع تین چار احباب کے۔ ان دونوں عربوں نے دوڑ کر ان سے سلام علیک کی اور فوراً رخصت، قاضی صاحب کے ساتھ ہمارے وہ فارسی داں عراقی کرم فرما تھے۔ جنھوں نے ہمارا قاضی صاحب سے تعارف کرایا تھا۔ جب سب آ کر دوسرے کمرے میں بیٹھے تو بھائی الشذری نے کھانے کے وقت جو بدتمیزیاں ہوئیں ان کی سخت شکایت کی اور بالخصوص حبشی کی۔ وہ سخت متعجب ہوئے کہ ''ہائیں تم کھانا کیسے کھا چکے؟ کھانا تو اب آئے گا''۔ اب میں الشذری کی طرف دیکھتا ہوں، اور وہ میری طرف۔

قاضی صاحب حبشی پر آگ بگولا ہو کر گویا برس پڑے۔ اگر کسی نے غضبناک عرب کو دیکھا ہے تو سمجھ لیجئے کہ اس نے غضبناک شیر دیکھا ہے اور پھر جب کہ عرب کے مہمان کی توہین کی گئی ہو۔ مگر حبشی نے جو جواب قاضی صاحب کو دیا اس سے وہ صرف خاموش ہی نہیں ہو گئے بلکہ ان کا غصہ رفو چکر ہو گیا اور شرمندہ ہو کر وہ معافی مانگنے لگے۔

قصہ مختصر ان فارسی دان حضرت نے بہت جلد معاملہ صاف کر دیا۔ واقعہ دراصل یوں تھا کہ باہر دوپہر کو قاضی صاحب کو دو سائل ملے ان سے قاضی صاحب نے کھانے کو کہا تھا۔ کہ اوّل وقت آ کر کھانا کھا جانا۔ ادھر اس حبشی سے کہہ دیا تھا کہ شام کو دو سائل آئیں گے، ان کو کھانا کھلا دینا''۔ قبل اس کے کہ وہ سائل پہنچیں ہم دونوں جا پہنچے۔ اور پھر بھائی الشذری کی عربی دانی! حبشی نے الشذری سے جب پوچھا کہ ''کیا تم وہی دونوں ہو جو بازار میں قاضی صاحب سے ملے تھے اور کھانے کو کہا تھا؟''۔ اس کا جواب الشذری نے محض اس وجہ سے اثبات میں دیا تھا کہ حبشی کی گفتگو میں اگر وہ کوئی لفظ سمجھے تھے تو وہ ''طعام'' کا تھا۔

جب دونوں سائل آئے اور انہوں نے حبشی سے کھانے کو کہا تو ایک طرف تو حبشی خفا کہ ہم دونوں نے اس کو دھوکا دیا اور دوسری طرف یہ سائل خفا کہ ہم دونوں کو کھانا یہ دونوں دھوکا دے کر کھا گئے۔

خمیازہ اس غلط فہمی کا زیادہ تر خود بھائی شذری نے بھگتا جو خوب پیٹ بھر کر کھا چکے تھے، کیونکہ جب دستر خوان لگا اور اس پر بائیس قسم کے انواع واقسام کے کھانے مثلاً انجیر کی کھیر اور سرید وغیرہ چنے گئے تو میں نے خوب سیر ہو کر کھایا۔ اور بھائی شذری کو دیکھ رہا تھا۔ کہ ان کی حالت قابلِ رحم تھی۔

چودھری صاحب اس حادثۂ دعوت کے بعد کچھ دن تو قائل رہے جگہ جگہ میں ان

پر فقرے چست کرتا۔ مگر بہت جلد بھول گئے اور پھر وہی عادت کہ سمجھیں نہ سمجھیں مگر عربی بولنے سے باز نہ آتے۔

ایک روز کا ذکر ہے کہ تین عرب دوست ہمارے یہاں آئے ان کو الشذری نے محض عربی بولنے کی نیت سے لگا لیا تھا۔ میں ان سے بہت تنگ تھا کیونکہ یہ تینوں بالکل اجڈ تھے اور جو کچھ بھی پاتے ڈھونڈ کر کھا جاتے۔

میتھی کا ساگ اور قیمہ جو ہندوستان کا تحفہ کہئے بہترین پکا ہوا ایک روز کل کا کل کھا گئے اور پھر قدر اس کی یہ کہ اس کو گھاس اور گوشت کہتے۔ غرض میں ان کی بدعتوں سے تنگ تھا۔

یہ تینوں آئے اور الشذری سے دماغ پچی کرنے لگے۔ بھائی شذری کے سر میں سخت درد تھا اور وہ رومال باندھے ہوئے تھے، ان نالائقوں نے الشذری سے کچھ کہا۔ جو کسی طرح ہم دونوں سمجھ گئے وہ کہتے تھے کہ ''قریب ہی پڑوس میں ایک حکیم رہتا ہے، وہاں چلو ابھی فوراً درد سر جاتا رہے گا''۔ اندھا کیا چاہے دو آنکھیں، شذری راضی ہو گئے۔ ہم دونوں مع ان تینوں کے وہاں پہنچے۔ یہ حکیم بھی عجیب احمق صورت اور وضع کا تھا۔ عطائی معلوم ہوتا ہے۔ ایک بڑے سے تخت پر بیٹھا تھا۔ الشذری نے نبض دکھائی اور جس طرح بھی ہو سکا اپنا حال بیان کیا اس نے جو کچھ کہا، نہ میں سمجھا اور نہ الشذری۔ مگر بھائی الشذری نے مجھ سے کہا کہ بھائی تم نہیں سمجھے، یہ دراصل یہ کہہ رہا ہے کہ ''دوا ذرا تلخ ہوگی۔ اگر تم منظور کرو تو میں علاج کروں ورنہ نہ کروں۔ علاج کی تکلیف سر درد کی تکلیف سے بہتر ہے اور پھر ان تینوں عربوں نے کہا کہ دوا پلانے میں یا علاج کرانے میں ہم تم کر پکڑ لیں گے''۔ میں اس وقت تو بھائی الشذری کی عربی دانی کا قائل ہو گیا۔ کیونکہ جب دوبارہ دونوں نے کہا تو مجھ کمبخت کی بھی یہی سمجھ میں آیا کہ الشذری ٹھیک سمجھے ہیں۔ اب بھائی شذری کا ماتھا دیکھنے کے لئے ان کو تخت پر لٹا دیا

گیا۔ وہ تخت پر چت لیٹ گئے اور میں برابر کھڑا تھا۔ میں نے الشذری سے کہا کہ ''یہ کیا معاملہ ہے، تم کولٹایا کیوں ہے دوا تو بیٹھ کر پی جاتی ہے۔ ذرا پوچھ لو، کہیں غلط فہمی تو نہیں ہوئی؟ اس پر الشذری تیز ہو کر بولے کہ ''تم سمجھتے ہو نہیں۔ خدا معلوم ہر بات میں دخل کیوں دیتے ہو؟ وہ پہلے پیشانی دیکھے گا یا کچھ اور دیکھے گا''۔ میں چپ ہو رہا۔ اتنے میں گردن زدنی حکیم نے ایک میلا سا چمڑے کا بیگ نکالا۔ اس میں سے ایک بورے سینے کا سالو ہے کا سوا نکالا۔ اس کو سنبھال کر اس نے اس طرح چودھری صاحب کا سر پکڑ کر آنکھوں کے سامنے نچایا کہ جیسے ان کی آنکھ پھوڑنا چاہتا ہے۔ میں کم مگر شذری زیادہ گھبرائے۔ وہ تیزی سے آنکھ بچا کر اٹھے کہ کہیں نوک آنکھ میں نہ لگ جائے۔ مگر قبل اس کے کہ وہ اٹھ سکیں وہ تینوں کھرپے جو حکیم کے اشارے کے شاید پیشتر ہی سے منتظر تھے۔ ایک دم سے حکیم کا اشارہ پاتے ہی بھائی شذری پر ٹوٹ پڑے۔ میں گھبرایا اور سمجھا کہ ضرور کوئی سازش ہے اور ادھر الشذری نے ایک کوہ شگاف نعرہ مار کر چھڑانے کی کوشش کی۔ چشم زدن میں گتھم گتھا ہونے لگی اور تخت گویا اکھاڑہ بن گیا۔ عربی لبادے اڑ اڑ کر اس بلوے میں ایسے معلوم ہو رہے تھے جیسے کمبل کے نیچے بھیڑیں۔ ''ارے مجھے بچاؤ...... خدا کے واسطے...... کمبخت بدذات...... دوڑو...... قتل...... قتل...... قتل......''۔ بھائی شذری نے بدحواس ہو کر یہ الفاظ کہے کہ میں بوکھلا گیا۔ اپنے عزیز دوست کو ان نابکاروں سے بچانا میرا فرض تھا۔ اس دھما چوکڑی میں مَیں بھی شریک ہو گیا۔ میں بھی دوڑ پڑا، اور پہلے ہی حملے میں مَیں نے حکیم کو اڑنگا لگا کر چت کیا مگر چونکہ یہاں تو جان کا معاملہ تھا۔ لہٰذا میں فوراً اٹھ کر پھر حملہ آور ہوا۔ بھائی شذری بڑے طاقتور تھے اور کسی طرح چار طاقتور عربوں سے قابو میں نہ آتے تھے۔ بھائی شذری پکار رہے تھے۔ ''الاالقتل...... ابے ہاجی...... نالالقون...... میری کہنی ٹوٹی......اُلو......گدھو...... ابن خنزیر...... ابن کلب...... ہاجی...... ہاجیون...... ہواجیح ارے

شوخیٔ تحریر (حصہ اول) 49 مرتب : تنویر حسین

چھوڑو..... ''۔خوب کشتم کشتا ہو رہی تھی۔ادھر میں بھی گتھا ہوا تھا۔ایک عرب کی کمر پکڑ کر اس کو گرانے کی ناکام کوشش کر رہا تھا۔کشتی کے پیچ کئی جانتا ہوں مگر وہاں تو عربی کپڑوں میں پتہ ہی نہ چلتا تھا کہ بازو کدھر ہے اور ٹانگ کہاں اور پھر آدمی بھی مسٹنڈ ے تھے۔اسی کوشش میں ہاتھا پائی کرنے میں اس عرب کی کہنی میری آنکھ میں اس زور سے لگی کہ میں چکرا کر گرا۔اب بھلا میں کیا لڑتا۔چشم زدن میں ان ظالموں نے الشذری کو چت کر دیا اور چھاتی پر چڑھ بیٹھے اور پھر ستم یہ کیا کہ اس کشتم کشتا میں ان موذیوں نے بھائی شذری کو نہ معلوم کس نوکدار چیز پر چت لٹایا تھا کہ وہ بری طرح ان کی پشت میں گڑ رہی تھی اور وہ سخت بے چین تھے۔''ابے ایھا الشیوخ ھذا شئی بزرگ تحت پشت ''۔یعنی میری پیٹھ کے نیچے کوئی بڑی سی چیز ہے۔اشد من الموت .....ارے ذرا چھوڑو..... کروٹ ہی لینے دو..... قسم خدا کی میں مرا..... مرا..... ابے خنزیروں..... حماروں..... ظالموں'' وغیرہ وغیرہ۔میں آنکھ بند کئے ہوئے مشکل سے چکراتا ہوا اٹھا۔دوسری آنکھ سے میں دیکھنے لگا کہ کیا ہو رہا ہے۔کیا دیکھتا ہوں کہ یہ موذی تو شذری کی جان پر تلے ہوئے ہیں۔بری طرح گرفت میں تھے اور ایک عجیب کاروائی ہو رہی تھی۔وہ یہ کہ ان کی پیشانی اسی سوئے سے بری طرح مرغ مسلم کی طرح گودی جا رہی تھی۔اب وہ اس ڈر کے مارے جنبش بھی نہ کرتے تھے کہ کہیں ہاتھ چوک جائے تو آنکھ نہ پٹ ہو جائے۔میں نے دل میں کہا یہی غنیمت ہے اور اب میں سمجھ گیا کہ یہ علاج ہو رہا ہے۔بہت جلد ان کی پیشانی لہولہان ہوگئی۔بڑی تیزی سے خون پونچھ کر ایک کپڑا بھگو کر باندھا گیا اور الشذری چھوڑ دیئے گئے۔''ارے کم بختو!تم نے مجھے کس چیز پر چت لٹایا کہ میری پیٹھ میں سوراخ کر دیا''۔یہ کہہ کر کراہتے ہوئے الشذری اٹھے۔کیا دیکھتے ہیں کہ لرکی قسم کا ایک چھوٹا سا تالا جس میں اس کی کنجی مع دوسری چابیوں کے گچھے پر شذری کو چت لٹا کر تین عرب ان کی چھاتی پر کودوں دل رہے تھے۔

غصے میں آ کر بھائی شنذری نے اس نا معقول تالے کو مع کنجیوں کے بھنا کر دور پھینکا اور پھر اردو عربی اور فارسی کو ملا کر نہ معلوم ان تینوں عربوں اور حکیم کو کیا کچھ سنا ڈالا۔ ادھر حکیم کھڑا مسکرا رہا تھا اور اپنی کاروائی پر خوش ہو کر نمک پاشی کر رہا تھا۔

بہت جلد معاملہ صاف ہو گیا۔ نہ بیچارے حکیم کی خطا تھی اور نہ ان تینوں عربوں کی۔ اگر خطا اور غلطی تھی تو خود بھائی شنذری کی۔ مترجم کی خدمات انجام دینے کے لئے ایک ہندوستانی آ گئے اور معلوم ہوا کہ حکیم بیچارے نے سب کچھ بھائی شنذری کو سمجھا دیا تھا کہ کس طرح سوئے سے پیشانی گودی جائے گی اور سخت تکلیف ہوگی۔ درد قطعی جاتا رہے گا۔ پھر یہ بھی بتا دیا گیا تھا کہ چاروں دوست تم کو پکڑ لیں گے بلکہ حکیم کو شکایت تھی کہ میں نے بجائے علاج میں مدد دینے کے بڑی گڑبڑ کی۔ کیونکہ میں نے اڑنگا لگا حکیم کو چت گرا دیا تھا۔ ان تمام باتوں کو خوب اچھی طرح حکیم نے سمجھا دیا تھا اور شنذری نے رضامندی ظاہر کی تھی۔ پھر اب شکایت کیسی۔

میری آنکھ میں درد ہو رہا تھا ورنہ میں بری طرح الشنذری کی وہیں خبر لیتا۔ حکیم کی فیس ادا کرنی پڑی۔ آپ خود اندازہ لگا سکتے ہیں کہ اس چپقلش کے بعد بھلا درد سر کا کیا کام، پتہ تک نہ رہا۔ ہاں تخت پر کشتی کرنے کی وجہ سے گھٹنوں میں البتہ سخت چوٹیں آئی تھیں جو پہلے ہی سے ناؤ میں گر کر مضروب تھے مگر یہ چوٹیں ایک طرف اور اس نامراد چھوٹے سے تالے نے جو پیٹھ میں برما چلایا تھا، اس کی تکلیف ایک طرف بس زخم نہیں ہوا تھا۔ ورنہ اس چھوٹے سے تالے کی کنجی گوشت میں پیوست ہو کر رہ گئی تھی اور کہیں اس آپریشن میں تھوڑی دیر اور لگتی ہے تو عجب نہیں کہ گوشت کاٹ کر وہ اندر گھس جاتی۔

وہ دن اور آج کا دن شنذری کا عربی بولنے کا شوق اپنا رخصت ہوا کہ پھر کبھی عربی نہیں بولے۔ جتنے دن عراق میں رہے دبے رہے اور اگر کہیں موقع ہوتا تو یہی کہتے کہ بھئی کچھ سمجھے نہیں، بغیر مترجم کے کام نہ چلے گا۔

عظیم بیگ چغتائی

ممتحن کا پان

ریل کے سفر میں اگر کوئی ہم مذاق مل جائے تو تمام راہ مزے سے کٹ جاتی ہے۔ گو بعض لوگ ایسے بھی ہوتے ہیں کہ انہیں کوئی بھی مل جائے تو وہ اس کے ساتھ وقت گزاری کر لیتے ہیں۔ مگر جناب میں غیر جنس سے بہت گھبراتا ہوں اور خصوصاً جب وہ پان کھاتا ہو۔ اب تو نہیں لیکن پہلے میرا یہ حال تھا کہ پان کھانے والے مسافر سے لڑائی تک لڑنے کو تیار ہو جاتا تھا۔ اگر جیت گیا تو خیر ورنہ شکست کی صورت میں خود وہاں سے ہٹ جاتا تھا۔ میں ایک بڑے ضروری کام سے دہلی سے آگرہ جا رہا تھا۔ خوش قسمتی سے ایک بہت دلچسپ ساتھی غازی آباد سے مل گئے۔ یہ ایک ہندو بیرسٹر کے لڑکے تھے اور ایم۔ ایس۔ سی میں پڑھتے تھے۔ خورجہ کے اسٹیشن پر ایک صاحب اور وارد ہوئے۔ یہ بھی ہم عمر ہونے کی وجہ سے ہماری ہی بنچ پر آئے اور بھی بہت سے لوگ آ گئے اور منجملہ ان لوگوں کے۔ میں نے نہایت بے کلی سے دیکھا۔ ان میں ایک صاحب پان کھانے والے ہیں۔ ان حضرت نے ہماری ہی طرف رُخ کیا اور ادھر میں گھبرایا۔

انہوں نے میری بنچ پر بیٹھنے کی نیت سے قلی سے اسباب میری طرف رکھوانا چاہا۔

''آپ اُس طرف نہایت آرام سے بیٹھ سکتے ہیں''۔ میں نے ایک کھچا کھچ اسباب اور مسافروں سے بھری ہوئی بنچ کی طرف اشارہ کر کے کہا۔

انہوں نے شاید اس کو بدتمیزی خیال کر کے بُرا مانتے ہوئے کہا:

''جناب خود تکلیف کریں''۔

''یہ جگہ گھری ہوئی ہے''۔ میں نے غلط بیانی سے کام لیتے ہوئے کج خُلقی سے کہا۔

مگر وہ اتنے میں اسباب رکھوا کر بیٹھ بھی چکے تھے۔ میری طرف انہوں نے غور سے دیکھا ... میں ان کی طرف نفرت نہیں بلکہ غصہ سے دیکھ رہا تھا کیونکہ مجھے پان کھانے والے سے اتنی نفرت نہیں ہوتی جتنا کہ اس پر غصہ آتا تھا (اب بالکل نہیں آتا) یہ حضرت فاختی رنگ کی شیروانی پہنے ہوئے تھے، ترکی ٹوپی تھی، شاید چالیس یا پینتالیس برس کی عمر تھی۔ کپڑے صاف ستھرے اور پاکیزہ تھے۔

ریل چلی تو میں اس فکر میں تھا کہ اب ضرور یہ اپنی ڈبیہ میں سے نکال کر پان کھائیں گے۔ کیونکہ ان کی منہ کی رفتار سے ایسا معلوم ہو رہا تھا جیسے پان اب ختم ہونے والا ہے۔ اتنے میں میری نظر اُن کے ہینڈ بیگ پر پڑی۔ جس سے میں نے فوراً معلوم کر لیا کہ یہ حضرت کسی بیرسٹر صاحب کے منشی ہیں کیونکہ اس پر لکھا تھا ''ٹی۔ ایچ۔ بار ایٹ لاء''

میں اب نہ بد اخلاق یا کج خلق ہوں اور نہ پہلے کبھی تھا۔ مگر پان کھانے والے مسافروں سے مجھے چونکہ بغض تھا۔ لہٰذا میں اب سوچ رہا تھا کہ ان کو یہاں سے کس طرح ہٹاؤں۔ مگر تھوڑی ہی دیر میں اپنے دونوں ساتھیوں سے باتوں میں مشغول ہو گیا۔ زیادہ دیر باتیں کرتے نہ گزری تھی کہ کھٹکا ہوا۔ سگریٹ کیس کے کھٹکے اور پان کی ڈبیا کے کھٹکے میں زمین آسمان کا فرق ہے۔ حالانکہ ان کی طرف میری پشت تھی مگر میں جان گیا اور پان کی ڈبیا کا گیلا گیلا سرخ کپڑا میری نظر کے سامنے بغیر دیکھے ہی آ گیا۔ مُڑ کر دیکھا تو ان کے ہاتھ میں پان کا ایک ٹکڑا ہے۔ اخلاقاً انہوں نے میرے سامنے پیش کیا۔ یہ گویا تازیانہ ہو گیا۔ مَیں نے جل کر کہا ''مجھے اس حماقت سے معاف کیجئے''۔

میں نے دیکھا کہ اس جملہ نے کیا کام کیا۔ مگر انہوں نے سوائے ایک سر کی جنبش کے زبان سے کچھ نہ کہا۔ نہ تو میں شرمندہ تھا اور نہ مجھ کو افسوس تھا۔ تھوڑی دیر بھی نہ

گزری تھی کہ انہوں نے کھڑکی کے باہر سر ڈال کر تھوکا۔ میں نے مڑ کر برجستہ کہا۔ ''قبلہ اگر یہ دھندا کرنا ہے تو براہِ کرم دوسری جگہ تلاش کیجئے''۔

''کیا فرمایا جناب نے؟''

''میں نے یہ فرمایا کہ جناب یہ لال پچکاریاں کسی دوسری جگہ چھوڑیں''۔

انہوں نے نہایت ضبط سے کام لیتے ہوئے کہا ''معاف کیجئے گا میں اس قسم کی گفتگو کا عادی نہیں''۔

''اگر جناب ایسی گفتگو کے عادی نہیں تو میں بھی اس کا عادی نہیں، کہ میرے پاس بیٹھ کر گندگی پھیلائیں......''۔

''جناب آپ ذرا... ...''

''لاحول ولاقوۃ'' میں نے بھی بات کاٹتے ہوئے کہا:

''ذرا غور تو کیجئے کہ بکری کی طرح پتے چبانا...... قسم خدا کی''۔ میں نے اپنے ساتھی کو مخاطب کر کے کہا۔ ''یہ چھالیا بھی خوب ہے! گویا ایندھن یا لکڑی چبا رہے ہیں''۔

مارے غصہ کے ان حضرات کا منہ لال ہوگیا۔ مگر نہایت ہی تحمل سے انہوں نے بالکل خاموش ہو کر میری طرف سے منہ موڑ لیا اور سنی اَن سنی ایک کر دی۔

''آپ کو یہ نہیں چاہیے تھا''۔ میرے ساتھی نے میری بداخلاقی کو دیکھتے ہوئے کہا۔

''میں نہیں کہہ سکتا کہ مجھ کو پان سے کتنی نفرت ہے''۔

(۲)

ہمارے نئے ساتھی جو غازی آباد سے بیٹھے تھے، عجب کہ کلاس فیلو نکلے۔ انہوں نے بھی ایل ایل بی فائنل کا امتحان علیگڑھ سے دیا تھا اور میں نے بھی دیا تھا۔ ایک دوسرے کو قطعی نہ جانتے تھے کیونکہ جماعت میں پونے دو سو لڑکے تھے اور رات کو لیکچر ہوتے تھے۔ اتفاق کی بات نظر ایک دوسرے پر نہ پڑتی تھی یا اگر کبھی پڑی ہوگی تو خیال

نہ رہا ہوگا۔ دوسرے صاحب کو اس پر تعجب ہوا۔ امتحان کا نتیجہ ابھی شائع نہ ہوا تھا، صرف پچیس دن امتحان کو گزرے تھے۔ لامحالہ امتحان کا ذکر ہونے لگا۔ ان کے سب پرچے اچھے ہوئے تھے اور میرے بھی سب پرچے اچھے ہوئے تھے۔ گزشتہ سال وہ سیکنڈ ڈویژن میں پاس ہوئے تھے اور میں فرسٹ ڈویژن میں پاس ہوا تھا۔ اپنے پاس ہونے کا مجھ کو قطعی یقین تھا اور وہ حضرت کہنے لگے کہ'' جناب! سیکنڈ ڈویژن تو آپ کی کہیں گئی ہی نہیں.... ''۔ یہ جملہ میرے لیے کس قدر خوشگوار تھا؟ دل سے خدا کا شکر ادا کر رہا تھا کہ تعلیم کی آخری منزل بھی ختم ہوئی کیونکہ مجھ کو اپنے پاس ہونے کا قطعی یقین تھا۔ جس میں شبہ تک کی گنجائش نہ تھی۔ تاوقتیکہ کوئی غیر معمولی واقعہ رجسٹرار یونیورسٹی کے دفتر میں پیش نہ آجائے۔ ہر پرچہ کا ذکر کیا گیا اور ہر پرچہ میں کتنے نمبر ملنے کی امید تھی۔ اس کا اندازہ لگایا گیا اور کم از کم جو اندازہ لگایا وہ یہ تھا کہ سیکنڈ ڈویژن تو کہیں گئی نہیں ہے۔ کس جگہ وکالت شروع کی جائے گی، کچھ اس پر بحث ہوتی رہی۔ پھر وکالت نہ چلنے کے امکان پر گفتگو اس پہلو سے کی گئی کہ دونوں طرف سے اس کی خوب تردید ہوئی۔

علیگڑھ کا اسٹیشن آیا اور وہ صاحب جو خورجہ سے بیٹھے تھے، اُتر گئے۔ اُترتے وقت ہم نے ایک دوسرے کے رول نمبر مع نام و پتہ لکھ لئے اور خط و کتابت کا وعدہ بھی کیا...... (ابھی تک نہ انہوں نے مجھے خط لکھا اور نہ میں نے انہیں)۔

علی گڑھ سے گاڑی چلی۔ ایک بات میں نے عجیب نوٹ کی۔ اب تک تو وہ پان کھانے والے حضرت کچھ رنجیدہ اور کبیدہ تھے مگر اب وہ میری طرف بڑی دیر سے دیکھ رہے تھے۔ اُن کے چہرے سے تمام غصہ رفو چکر ہو چکا تھا۔ شاید وہ صاف دل تھے اور میری بداخلاقی کو بھول گئے۔ انہوں نے مجھ سے پوچھا '' آپ نے امسال ایل. ایل. بی فائنل کا امتحان دیا ہے؟'' یہ کہتے ہوئے ڈبیا کھولی، اور میں نے بمشکل '' جی ہاں'' کہا تھا کہ انہوں نے ایک پان مجھے پھر پیش کیا۔ مسکراتے ہوئے انہوں نے کہا۔

''آپ کو پان سے نفرت ہے، مگر آپ اس کو کھا کر دیکھیں''۔

میں نے ان کی طرف دیکھا..... کیا یہ ممکن تھا کہ وہ تمام سنجیدگی کو رخصت کر کے مجھ کو چڑا رہے تھے، تا کہ بدلہ لیں..... قطعی یہی ہے..... یہ خیال کرتے ہی مجھ کو سخت غصہ آیا..... ان کے چہرے سے واقعی یہ ظاہر ہوتا تھا، کیونکہ ان کے چہرے پر ایک شرارت آمیز تبسّم تھا۔ انہوں نے پان اور آگے بڑھایا اور میں نے اس کا جواب یہ بہتر سمجھا کہ تسلیم کر کے ان سے لے کر کھڑکی میں سے باہر پھینک دیا۔ مجھے یقین ہوا کہ میں کامیاب رہا۔ مگر وہ حضرت بجائے خفا ہونے کے اب شاید مجھے تختۂ مشق بنانے پر تلے ہوئے تھے۔ دوسرا پان پیش کر کے بولے ''اگر اب اس کو بھی آپ نے پھینک دیا تو عمر بھر پچھتانا پڑے گا''۔

میں بدتمیز و بدگو، یا زبان دراز نہیں، مگر منہ سے کچھ سخت جملہ نکلتے نکلتے رہ گیا۔ لیکن پھر بھی بجائے اُن کے برا کہنے کے پان کی مذمت کرنے لگا اور بہ وجہ پان کے گندہ ہونے کے اس کے چھونے سے مجبوری ظاہر کی۔

''معاف کیجئے گا''۔ انہوں نے پان کھا کر کہا۔ ''آپ میں تہذیب نہیں ہے''۔ یہ الفاظ انہوں نے رویہ بدل کر کچھ سنجیدگی سے کہے۔

میں نے کہا ''جی ہاں آپ صحیح فرماتے ہیں، لیکن مجھ کو اس پر فخر ہے کہ پان کھانے والوں کی بدتہذیبی کا جواب بدتہذیبی سے دوں''۔

''ماشاء اللہ'' یہ کہہ کر وہ اٹھے اور اپنا سوٹ کیس کھولنے لگے میں اپنے ساتھی سے جو غازی آباد میرے ساتھ بیٹھے تھے۔ باتیں کرنے لگا کہ اتنے میں انہوں نے میرا بازو پکڑ کر اپنی طرف متوجہ کر کے ایک کاپی میرے سامنے کر کے کہا ''آپ اس خط کو پہچانتے ہیں''؟

میں کچھ سٹ پٹا سا گیا، اور کچھ عقل نے کام نہ کیا۔ میں نے ان حضرت کے

چہرے کی طرف دیکھا جو میرے سٹ پٹا جانے سے لطف اندوز ہو رہے تھے...... میں علاوہ گھبرانے کے سخت خفیف سا ہو رہا تھا...... یہ واقعہ تھا کہ میرے سامنے محمڈن لا (قانون محمدی) کے امتحان کی کاپی تھی۔ اس پر سرخ رنگ سے نمبر اس طرح دیئے ہوئے تھے ۶۵+۱۰ گویا میں نے سو نمبروں میں سے پچھتر نمبر پائے تھے۔ نمبروں کو دیکھ کر کچھ خوشی سی ہوئی تھی کہ وہ بولے ''آپ نے پرچہ بہت اچھا کیا تھا، اور آپ نے ۶۵ نمبر حاصل کئے تھے، لیکن چونکہ آپ نے علاوہ قانون کے حوالہ کے تمام ان احادیث کا بھی حوالہ دیا تھا جن پر قانون کی دفعات اور سوالات اور جوابات کا دار و مدار تھا، لہٰذا میں نے آپ کو دس نمبر اور دے ئے تھے۔ لیکن اب مجھ کو معلوم ہوا کہ آپ اسلامی قانون تو بڑی چیز ہے، اسلامی تہذیب سے بھی ناواقف ہیں۔ لہٰذا میری دانست میں تو آپ کو کل ۱۰ نمبر سے زائد نہ ملنا چاہئیں''۔ یہ کہہ کر انہوں نے میرے اور میرے ساتھی کے سامنے سُرخ پنسل جیب سے نکال کر ۶۵ نمبر کو سُرخی سے کاٹ دیا اور اپنے وہاں دستخط بھی کر دیئے۔ اب مجھ کو حروف ''ٹی. ایچ'' کے معنی بھی معلوم ہو گئے تھے، جو میں نے اُن کے ہینڈ بیگ پر دیکھے تھے!

یہ حضرت میرے ممتحن تھے!...... میری حالت جو تھی وہ تھی، مگر میرے ساتھی جو خود طالب علم تھے سخت متعجب اور متاثر تھے۔ دراصل ہم دونوں ہی ہکا بکا تھے۔

میری کاپی وہ اطمینان سے اپنے سوٹ کیس میں رکھتے ہوئے بولے کم از کم تین سال تک تو آپ پاس ہونے کا خیال ہی ترک فرما دیں کیونکہ میں ممتحن ضرور ہوں گا اور آپ کو فیل کروں گا۔ کیونکہ میرا خیال ہے کہ ایک بدتہذیب شخص اس سے کم عرصہ میں تہذیب نہیں سیکھ سکتا''۔

میں اس کا جواب سختی سے بھلا کیسے دیتا، میرے تو ہوش ہی بجا نہ تھے۔ وہ غیر متعلق ہو کر اپنا چہرہ اخبار سے چھپائے ہوئے دوسری بنچ پر جا بیٹھے۔ تھوڑی دیر بعد جب ذرا

دل کی دھڑکن کم ہوئی تو میرے ساتھی نے آنکھیں پھاڑ پھاڑ کر گفتگو کرنا شروع کی۔ خوشامد کا تو خیال ہی انہیں کیا تھا۔ کہنے لگے کہ ''میں گواہ ہوں آپ ان پر دعویٰ کر دیجئے گا''۔ شاید انہوں نے یہ سن لیا، جو اخبار پھینک کر بولے۔ ''شاید آپ دونوں صاحبوں سے قانون میں زیادہ جانتا ہوں، جنابِ من! اگر یہ ممکن ہوتا تو ہر ممتحن پر طالب علم ایک گواہ تلاش کر کے مقدمہ دائر کر دیتے۔ خواہ واقعہ ہو یا نہ ہو۔ میں آپ دونوں صاحبان کو یقین دلاتا ہوں کہ میرا فیصلہ اٹل ہے۔ آپ شوق سے دعویٰ کریں''۔

میں تو چپ تھا۔ مگر میرے ساتھی نے ان سے بحث کرنا شروع کی۔ مگر تھوڑی دیر میں مجبوراً مجھے ان کا منہ بند کرنا پڑا کیونکہ ممتحن صاحب غصہ ہوئے جاتے تھے۔ تھوڑی دیر کی خاموشی کے بعد میرے ہمدرد ساتھی ممتحن صاحب کو قائل کرنے کی کوشش کر رہے تھے اور نرمی کی تلقین کر رہے تھے۔ میں چپ بیٹھا دعا مانگ رہا تھا کہ خدا کرے یہ راضی ہو جائیں، مگر توبہ کیجئے۔ ''...... میری جان مت کھایئے''۔ یہ کہہ کر وہ اخبار پڑھنے میں مشغول ہو گئے۔

(۳)

ہاتھرس کا اسٹیشن قریب آ رہا تھا اور میرے ساتھی اُترنے والے تھے۔ ممتحن صاحب اپنی پان کی ڈبیا لینے اُٹھے۔ انہوں نے ڈبیا کھول کر ایک پان نکالا اور میرے سامنے پیش کیا۔ میرا دل تیزی سے دھڑکنے لگا۔ میں نے معصومیت سے رنجیدہ صورت بنائے ہوئے ان کی طرف دیکھا۔ میرا ہاتھ خود بخود بڑھ گیا...... آپ یقین کریں کہ میں پان کھا رہا تھا!

''چھالیا تو لیجئے!'' ممتحن صاحب نے بٹوا سامنے کرتے ہوئے کہا۔ کیونکہ میں بغیر چھالیا کے پان کھا رہا تھا، اور وہ قریب الختم تھا، انکار کرتے ڈر لگا لہٰذا لے کر منہ میں ڈال لی۔ وہ اپنی جگہ پھر جا بیٹھے اور یہاں چھالیا ایسی معلوم ہو رہی تھی جیسے منہ کو کوئی

چھیل رہا ہے۔ حالانکہ ممتحن صاحب میری طرف دیکھ نہیں رہے تھے، مگر پھر بھی میں نے تھوکنا مناسب نہیں سمجھا کہ کہیں دیکھ نہ لیں۔ چونکہ قطعی عادت نہ تھی، مجھے چھالیا مصیبت معلوم ہونے لگی۔ لیکن میں نے چبا چبا کر اس کو سرمہ کر ڈالا۔ پان کھانے کے قواعد کی رُو سے اس منزل پر پہنچ کر پان کھانے والا تھوک سکتا ہے مگر مجھ کو شاید معلوم نہ تھا۔ گو دیکھا تو تھا کہ لوگ اُگال کر تھوک دیتے ہیں۔ تھوڑی دیر میں چھالیا کا پھوک رہ گیا۔ چوں کہ ضرورت سے زیادہ کھالی تھی لہٰذا اتنی مقدار نگل بھی نہ سکتا تھا۔ بڑی دیر تک منہ میں پھراتا رہا پھر تھوکنے کے لیے بیت الخلا کو بہتر سمجھا تاکہ ممتحن صاحب نہ دیکھ سکیں۔ وہاں جو چھالیا تھوک کر نکلا تو ممتحن صاحب کچھ تحکمانہ لہجہ میں بولے ''کیا آپ نے پان تھوک دیا؟''

میں سن سے ہو گیا اور جھوٹ بولا ''جی نہیں!'' مگر نہایت ہی مردہ آواز سے کہا۔

اس دوران میرے ساتھی گو ایم ایس سی کے طالب علم تھے، مگر میرے چہرے کو فلسفیانہ انداز سے دیکھ رہے تھے۔ میرا چہرہ واقعی ہوگا بھی اسی لائق کیونکہ خفت، حماقت، رنج، تکلف وغیرہ وغیرہ علاوہ گھبراہٹ اور پریشانی کے ضرور میرے چہرہ سے عیاں ہو رہی ہوگی۔ ہاتھرس کا اسٹیشن آیا اور وہ اُتر گئے۔

(۴)

میرے ساتھی کے چلے جانے کے بعد اَب میں نہ معلوم کن کن خیالات میں غرق تھا...... خوشامد کرو...... کبھی کی نہیں۔ بلکہ یوں کہنا چاہیے کہ آتی ہی نہیں...... مگر ہاتھ جوڑنے سے کام بن جائے گا! اگر مانیں تو قدموں پر سر رکھ دینا چاہیے۔ پھر خیال آیا، لاحول ولاقوۃ، آئندہ سال دیکھا جائے گا، ورنہ پھر نوکری کر لیں گے۔ ایسی خوشامد سے تو موت بہتر ہے۔

ٹونڈلہ کا اسٹیشن آیا، میں آگرہ جا رہا تھا، کیونکہ سخت ضروری کام تھا۔ میں چونک

سا پڑا۔۔۔۔۔اب کیا کروں؟ یہ سوال تھا واللہ اعلم ممتحن صاحب کہاں جا رہے ہیں۔ خیر کم از کم کانپور کا تو ٹکٹ لے لینا چاہیے۔ چنانچہ یہی کیا۔ ٹکٹ لے کر واپس آیا تو ممتحن صاحب بیٹھے ہوئے ایک صاحب سے باتیں کر رہے تھے۔ شاید اُن کے ملاقاتی ہیں، میں نے دل میں کہا۔ میں بیٹھ گیا۔ ممتحن صاحب نے پان کی ڈبیہ نکالی۔۔۔۔۔ میں گھبرایا مگر مجبوری۔ انہوں نے پیش کیا اور مجھے خوش ہو کر کھانا پڑا۔

"کیوں جناب، پان بھی خوب چیز ہے"۔ ممتحن صاحب نے اپنے دوست سے کہا۔

انہوں نے جواب دیا "جی ہاں، مجھے تو بغیر پان کے سفر دو بھر ہو جاتا ہے"۔
"یہی میرا حال ہے"۔ ممتحن صاحب بولے اور پھر میری طرف مخاطب ہو کر پوچھا "کیوں جناب آپ کی کیا رائے ہے؟"

میری حالت کا انداز ہ لگانا آسان ہے، ممتحن صاحب کے چہرے سے فتح کی مسرت عیاں تھی، میں بت کی طرح شکست خوردہ تھا، گلا صاف کر کے کہا "جی ہاں!"۔
"اوہو آپ تو پان بڑی تیزی سے کھاتے ہیں ختم ہو گیا اور لیجئے"۔ بیرسٹر صاحب نے کہا۔

حالانکہ ختم نہ ہوا تھا، مگر کیسے کہ ختم نہیں ہوا اور دوسرا نہیں لوں گا۔ لیا اور کھایا۔ میں خاموش تھا اور ایک گونہ خوشی تھی کہ بیرسٹر صاحب اپنے دوست سے باتیں کرنے میں مشغول ہیں۔ تھوڑی دیر تک باتیں کرتے رہے میں سنتا رہا۔ مجھے یہ بھی معلوم ہو گیا کہ اب مجھے کہاں جانا ہے۔

اتنے میں بیرسٹر صاحب نے شاید میری مصیبت کا انداز ہ لگا لیا اور شش و پنج میں پا کر کہا "تھوک دیجئے، آپ تو چھالیا کھا رہے ہیں"۔ میں نے تھوک کر خلاصی پائی۔ شکر ہے کہ انہوں نے پان نہیں دیا۔

(۵)

کانپور کے اسٹیشن پر میں نے بیرسٹر صاحب کی خدمت میں التجا کی۔ وہ کیا التجا تھی، میں خود نہیں کہہ سکتا کیونکہ نہ میں نے کچھ کہا اور نہ وہ سن سکے۔ مجبوراً انہوں نے کہا۔ ''فرمایئے...... کیا کہتے ہیں......''۔ بقول کسے یہاں صورت سوال تھی۔ بڑی مشکل سے میں نے کہا۔ ''میری زندگی تباہ ہو جائے گی...... میں کہیں کا نہ رہوں گا'' ......وغیرہ وغیرہ......

ان باتوں کا مختصر جواب یہ تھا ''معاف کیجئے، میں ایک مرتبہ کوئی کام کر چکتا ہوں تو مشکل سے رائے تبدیل کر سکتا ہوں''۔ یہ کہہ کر انہوں نے لکھنؤ والی گاڑی کا رُخ کیا۔ میں نے بھی دل میں کہا کہ نہ چھوڑوں گا۔

میں نے بیرسٹر صاحب کو چھوڑنا تھا نہ چھوڑا۔ خدا کی پناہ، ضلع جونپور کے ایک غیر معروف گاؤں میں جانا تھا۔ راستہ میں نہ میں نے ایک لفظ بیرسٹر صاحب سے کہا اور نہ انہوں نے۔ میں بالکل بے تعلق دُور بیٹھا تھا۔ نہ انہوں نے پان دیا اور نہ بات کی۔ اتنا ضرور تھا کہ وہ مجھے کبھی کبھی غور سے ضرور دیکھ لیتے تھے۔ ضلع جونپور کے ایک غیر معروف ریلوے اسٹیشن پر شاید بیرسٹر صاحب اور میں یہ دو ہی اترنے والے تھے۔ بیرسٹر صاحب نے شاید مجھ کو عمداً دیکھا تک نہیں۔ ایک چھوٹی سی بیلوں کی گاڑی پر ان کا مختصر اسباب رکھ دیا گیا، اور میں نے دیکھا کہ گرد وغبار میں بیل تیزی سے جا رہے ہیں۔ دن کے دس بجے ہوں گے۔ ناشتہ نہ میں نے کیا تھا اور نہ بھوک ہی تھی۔ گاڑی کو دیر تک کھڑا دیکھتا رہا کہ ایک دم سے چونک پڑا۔ میں نے یہ بھی نہ معلوم کیا تھا کہ وہ کون سا گاؤں ہے۔ جہاں بیرسٹر صاحب گئے ہیں۔ مگر ایک دہقانی نے از راہِ عنایت مجھے یہ پتہ دے دیا کہ فلاں فلاں گاؤں کے زمیندار صاحب کی گاڑی تھی۔ میں نے مزدور تلاش کیا اور اس کے سر پر اسباب لدوا کر چل دیا۔

شام کے چار بجے میں اُس گاؤں میں پہنچا۔ زمیندار صاحب کا پتہ لگنا کیا مشکل تھا۔ تھوڑی ہی دیر میں ان کے عالی شان قلعہ کے باہر کھڑا سوچ رہا تھا کہ اب کیا کروں۔ مزدور کے ساتھ اسباب باہر چھوڑا اور اندر داخل ہوا۔ سامنے چبوترے پر بیرسٹر صاحب پنکھے کے نیچے لیٹے ہوئے تھے۔ دو آدمی اور بھی کرسیوں پر لیٹے تھے۔ کچھ باتیں ہو رہی تھیں۔ کچھ ٹھٹکا مگر آگے بڑھا اور جیسے نوارد پہنچا۔ بیرسٹر صاحب نے سلام کا جواب دیا۔ اٹھ کھڑے ہوئے، خندہ پیشانی سے ملے۔ دریافت کیا کہ اسباب کہاں ہے۔ نوکر سے اسباب منگایا۔ ایک کمرے کی طرف اشارہ کر کے بتایا کہ جا کر غسل کر لیجئے اور کپڑے اتاریئے۔ میں بھی بے تکلفی سے سیدھا چلا گیا۔ نہا دھو کر نکلا تو کمرے ہی میں دودھ کا دیہاتی مقدار میں شربت موجود تھا۔ بیرسٹر صاحب نے صورت سے معلوم کر لیا ہو گا کہ بھوکا ہے۔ کمرے سے نکل کر باہر آ بیٹھا۔ بیرسٹر صاحب نے پان پیش کیا جو کھانا پڑا۔ میں بالکل ہی خاموش بیٹھا رہا۔ حتیٰ کہ دونوں آدمی اٹھ کر چلے گئے۔ مگر قبل اس کے کہ وہ جائیں مجھ کو بیرسٹر صاحب چار پان کھلا چکے تھے۔ وہ شاید غور سے دیکھتے رہتے تھے اور پان ختم ہوتے ہی مجھے دوسرا پان دے دیتے تھے۔ تھوڑی دیر بعد آپ سے کیا کہوں کہ پان کھاتے کھاتے میرا کیا حال ہو گیا۔ دو تین پانوں تک تو اس کا احساس بھی رہا کہ چُونہ منھ میں لگ رہا ہے، مگر شام تک تو منھ کی حالت ہی اور ہو گئی۔

یہ بیرسٹر صاحب کی سسرال تھی، اور شام کو اس کے خُسر صاحب نکلے۔ میرا تعارف کرایا گیا کہ میں ایک کرم فرما ہوں اور خوبیوں کا مجموعہ ہوں۔ رات کے آٹھ بجے تک داماد اور خسر اور کرم فرما بیٹھے باتیں کرتے رہے۔ مگر جو حال کرم فرما کا پان کھاتے ہو گیا اس کو خدا ہی بہتر جانتا ہے۔ کھانا کھایا گیا تو میرا منھ نہ چلتا تھا، کیونکہ پانوں نے سارا منھ اندر سے زخمی کر دیا، اور اس پر چھالیا گویا نمک پاشی کرتی تھی۔

''پان بھی خوب چیز ہے''۔ بیرسٹر نے کھانا کھانے کے بعد مجھے پان پیش کرتے

ہوئے کہا۔

''جواب نہیں رکھتا''۔ مجھے کہنا پڑا۔

''کھانے کو ہضم کرتا ہے، اور منھ کی گندگی کو دور کرتا ہے اور مفرح ہے۔ بیرسٹر صاحب نے کہا۔

''مفرح بھی ہے'' میں نے ازراہِ تعجب کہا۔

''بہت عمدہ چیز ہے'' خسر صاحب بولے ''لیکن اعتدال کے ساتھ''۔

صبح کو مجھے موقع ملا کہ خسر صاحب سے اپنی مصیبت کا حال بیان کروں۔ صرف میں اور وہی تھے اور بہترین موقع تھا۔ کیونکہ انہوں نے خود بخود بہ بسلسلۂ گفتگو میری آئندہ زندگی کے بارے میں سوالات کئے تھے۔

انہوں نے میری داستان تعجب سے سنی۔ لیکن ہنسے بھی اور مجھ سے وعدۂ سفارش کیا۔ اتنے میں بیرسٹر صاحب بھی آ گئے۔ میں نہیں بیان کرنا چاہتا کہ کیا گفتگو ہوئی اور کیا ہوا۔ قصہ مختصر، یہ طے ہوا کہ میں چار دن اور ٹھہروں اور رات دن پان کھاؤں۔ بمصداق ؎

ایں ہم اندر عاشقی بالائے غمہائے دگر

ان چار دنوں میں کیا بتاؤں کہ کتنے پان کھانے پڑے۔ منھ کا برا حال تھا مگر پان پر پان کھاتا تھا اور اُف نہ کرتا تھا۔ چلتے وقت بیرسٹر صاحب نے کہا کہ ''میرا پان اب آپ کبھی نہ بھولیں گے اور بے شک حالانکہ سال بھر سے زائد گزر گیا۔ مگر ہنوز یاد تازہ ہے، جو شاید کبھی نہ بھولے

نتیجہ: اب خوب پان کھاتا ہوں!

عظیم بیگ چغتائی

یہ کس کی تصویر ہے؟

(۱)

اگر یہ اصول قائم ہو جاتا کہ شادی سے پہلے کسی طرح لازمی طور پر لڑکی لڑکے کو دیکھ لے اور لڑکا لڑکی کو تو جناب آپ یقین کریں کہ کم از کم میری تو شادی ہی ناممکن تھی۔ اس اصول کا حامی میں شادی سے پہلے تھا۔ بڑی سختی سے جس لڑکی سے میری شادی کی نسبت اول مرتبہ قرار پائی، میں نے کسی نہ کسی تاک جھانک کر کے اس کو دیکھ لیا۔ بے حد پسند کیا اور اس کے بعد یہ شوق چرایا کہ وہ عزیزہ مجھے بھی کسی طرح دیکھے۔ یہ بھی ممکن ہو گیا۔ مگر جناب ساتھ ہی اس کا نتیجہ یہ نکلا کہ اس شوخ و خوبصورت لڑکی نے میرے بارے میں اپنی ایک سہیلی کو جو کچھ لکھ مارا، اس کا اقتباس بجنسہٖ درج ذیل ہے:

'' آنکھوں میں حلقے، کمر میں خم، پینک میں رہتے ہیں دم بدم۔ یہ میں جانتی ہوں کہ پڑھنے لکھنے میں تیز ہیں۔ فکر مند ہیں، خوش طبع ہیں۔ مگر میری دانست میں ساتھ ہی افیونی بھی ہیں۔ بخدا تم ہی بتاؤ کہ یہ بھی کوئی حلیہ ہے کہ چھوٹا سا قد اس پر کبڑی کمر، عینک لگائے ...بھنویں چڑھائے چلے جا رہے ہیں، گردن جھکائے، ٹٹولتے ہوئے! چہرے کو دیکھو تو مغلئی، چپٹی سی ناک، بدرنگ مٹیالہ چہرہ مردنی چھایا ہوا۔ معلوم دے جیسے ہڈیوں پر کھال منڈھ دی ہے۔ پھر موٹے موٹے ہونٹ اور جگہ جگہ چہرے پر زاد ئے قائمے۔ گوشے اور کنگورے نکلے ہوئے اور خدا جھوٹ نہ بلائے تو رخساروں

میں اس عمر میں گڑھے ایسے کہ دونوں طرف آدھ پاؤ چنے آ جائیں..... یہ ہندوستان ہے۔ میری شادی خیر ااور قہراً کر دی گئی تو یہ سب سر آنکھوں پر، مگر دل کی پچھتی ہو تو بتا چکی۔ نہ میں رنجیدہ ہوں نہ خوش۔ کیونکہ یہی دستور ہے..... وغیرہ وغیرہ۔

خط میں نے پڑھا۔ سیلف ریسپکٹ بھی آخر کوئی چیز ہے۔ لڑکی کو میں نے خوب اچھی طرح دیکھ لیا تھا۔ میرا دل بیٹھ گیا۔ آئینہ اٹھا کر دیکھا اور چپکے سے رکھ دیا۔ عجیب شش و پنج میں تھا۔ کروں یا نہ کروں۔ ایسی لڑکی ہاتھ سے جانے کا ایک طرف افسوس تھا اور دوسری غیرت تقاضا کرتی تھی۔ بہت شش و پنج کے بعد یہ طے کر لیا کہ ہرگز ہرگز ایسی نالائق لڑکی سے شادی نہیں کروں گا جو خود مجھے پسند نہیں کرتی۔ چنانچہ چپکے سے آپا جان کو یہ خط دکھا دیا۔ دیکھتے ہی خط کے آگ بگولا ہو گئیں۔ خدا خدا کر کے انہیں چپ کیا۔ مجھے انہوں نے یقین دلایا کہ ''لڑکی بدتمیز ہے، پھوہڑ ہے اور کسی کام کی نہیں، میں خود نہیں چاہتی تھی'' اس کے بعد انہوں نے درجنوں نام لے ڈالے۔

اس کے بعد ذو لڑکیاں میں نے ناپسند کر دیں۔ کیونکہ ظاہری حسن میں پہلی کی سی نہ تھیں اور پھر اس کے بعد تین نے مجھے ناپسند کر دیا۔ اور تیسری اس قدر بدتمیز نکلی کہ باوجود انٹرنس پاس ہونے کے اور آج کل اصطلاح میں تعلیم یافتہ ہونے کے اس نے میرا نام شرارتاً روزی نینٹ (Rosinante) رکھ دیا۔ ظاہر ہے کہ کیسا میرا خون کھولا ہوگا۔ اس کے بعد نہایت ہی تیزی سے دس پندرہ جگہ نظرِ انتخاب پڑی۔ مگر نتیجہ کہ مجھ کو کسی نے پسند نہ کیا۔ جنہوں نے پسند کیا، یا یوں کہیے کہ ناپسند نہیں کیا انہیں میں نے ناپسند کر دیا۔ نتیجہ یہ کہ میں خود تنگ آ گیا اور آپا جان علیحدہ پریشان ہو گئیں۔ کیونکہ مجھ کو چپکے سے لڑکی دکھانے کا انتظام انہیں کے سپرد۔ تجویز ہم بہن بھائیوں کی یہ تھی کہ بعد

---

1 روزی نینٹ '' ایک فرضی قصہ کے اوندھی عقل کے مخبوط الحواس سورما کی ڈون کوئی زوٹ (Donquxote) کا گھوڑا تھا جس کے سارے جسم پر گوشت اور زاویے بے حد دبلے پتلے ہونے کے نکلے ہوئے تھے۔

پسندیدگی کے سلسلہ جنبانی ہوگی۔ لیکن اب تک جتنی بھی لڑکیاں میں نے ناپسند کی تھیں۔ گو وہ سب کی سب مجھ سے کہیں زیادہ خوبصورت تھیں مگر میں خوبصورت ترین چاہتا تھا۔ قصہ مختصر بہت جلد مجھے معلوم ہوگیا کہ یہ اصول ہی ایک سرے سے غلط ہے، کہ لڑکی لڑکے کو دیکھ لے اور لڑکے کا لڑکی کو دیکھ لینا ہی کافی ہے اور یہی کامیابی کی کلید ہے۔

چنانچہ اسی زریں اصول کے ماتحت حسب دل خواہ شادی ممکن ہوئی بعد نسبت ہی میں نے اپنی تصاویر احتیاط سے چھپادیں تا کہ ہر آنے جانے والے کی اوّل تو نگاہ سے محفوظ رہیں اور پھر دست بُرد کا امکان جاتا رہے۔ کیونکہ آپا جان نے کہہ دیا تھا کہ اب کی مرتبہ تم نے دیکھا بھالی اپنی کرائی تو پھر میں کوئی دلچسپی نہ لوں گی۔ میں بھی اچھی طرح جانتا تھا کہ اگر یہ لڑکی مجھ کو دیکھ پائے گی تو عجیب نہیں کہ ہشک جائے اور میرے بارے میں طرح طرح کے ریمارک پاس کر کے مجھے اس امر پر مجبور کردے کہ میں خود اس سے برگشتہ خاطر ہو جاؤں۔ قصہ مختصر اسی قسم کی تمام احتیاطیں میں نے برتیں اور اس ترکیب سے کامیابی کا منہ دیکھنا نصیب ہوا۔ وہ پرانا اصول طرفین کے دیکھنے بھالنے والا......ترک کر کے۔

(۲)

مجھے اگر اپنی بیوی کی تصویریں طرح طرح سے کھینچنے اور کھنچوانے کا شوق تھا تو کوئی تعجب نہیں۔ تصویریں کھنچوائیں، جگہ جگہ سے انلارج کروائیں۔ ہر رُخ سے بٹھا کر تصویر لی۔ ہر لباس اور ہر وضع سے تصویر کھینچی۔ چوکھٹے لگوائے عمدہ عمدہ فریم بنوائے۔ تصویروں میں طرح طرح کے رنگ بھروائے۔ غرض مصوری کی حد کردی اور کمرہ صنم کدہ بنا دیا۔ مگر نتیجہ اس ''بہزادازم'' کا یہ ہوا کہ ع: ''جمالِ ہمنشیں در من اثر کرد'' کے مصداق بیوی کو اپنے دلربا شوہر کی تصویروں کی کھینچنے کھنچوانے کا شوق لگ گیا۔ انا للہ وانا الیہ راجعون۔

میری موجودہ تصویروں کو غور سے خانم نے دیکھا۔ ''ان میں سے کوئی ٹھیک نہیں ہے'' بھنویں سکیڑ کر کہا۔ ''گھر کی کھینچی ہیں نا''!

بھابی جان نے مسکرا کر چشمک سے کہا'' یہ تو نہیں ہے گھر کی، دیکھو دیکھو''۔

''تو پھر کسی ایسے ویسے نے کھینچی ہے''۔ خانم بولیں۔

''نام نیچے لکھا ہے، پھر ایسی مشہور فوٹو گرافر کی دکان......''

جھلا کر خانم نے کہا'' اونچی دکان پھیکا پکوان، بیگار ڈالتے ہیں سب، اس سے اچھی تو خود میں نے کھینچی ہے''۔

''آخر اس میں خرابی کون سی ہے؟'' بھابی جان نے خانم سے پوچھا۔ ''بالکل صاف تصویر ہے بال بال صاف آیا ہے۔ یہ دیکھو آنکھ کے نیچے کی...... ذرا بھائی ادھر منہ پھیرئے گا''۔ میں نے پھیر لیا تو کہا'' یہ! یہ! یہ دیکھو آنکھ کے نیچے کی ہڈی جس طرح صاف اس رخ سے دکھائی دیتی ہے۔ ویسی ہی اس میں ہے۔ اور پھر...... پھر یہ دیکھو آنکھ کی طرف سے نیچے کا ڈھال برابر چلا آ رہا ہے۔ اور ٹھوڑی کے پاس...... یہ دیکھو پھر اُبھری ہوئی ہڈی صاف ہے''۔

اس طرح بھابی جان نے میرے چہرے کے نشیب و فراز کی تشریح کر کے ثابت کر دیا کہ تصویر بالکل ہو بہو ٹھیک ہے۔ نقل مطابق اصل ہے۔ خانم کو بے حد بُرا معلوم ہوا۔ انہوں نے تصویر ہاتھ سے جھپٹ لی اور جل کر گویا کہا'' اچھا بہن تم سے تھوڑی کہہ رہی ہوں جو بحث پر تل پڑیں''۔ یہ کہہ کر تصویر بھابی سے لے لی۔

رستم کے دوست اسفند یار، میرے ایک دوست تھے جن سے میری بحث رہتی تھی کہ میں ٹکڑا یا وہ جاڑوں میں انڈے کھائے جاتے تھے اور پوشیدہ طور پر ڈنڈ پیلتے تھے اور پھر دونوں اپنے قوی ہیکل جسموں کو ناپتے اور اسٹیشن جا کر وزن کر کے مقابلہ کرتے۔ کبھی میں ایک من پانچ سیر کا نکلتا تو وہ چھ سیر اور کبھی میں سیر آدھ بڑھ جاتا۔

ان کی تصویر بھی نکل آئی اور بھابی جان نے تصویر دیکھ کر ہی کہا ''ذرا ان چرخ کو دیکھنا......ڈر لگتا ہے بس دیکھنے سے''۔

خانم دل ہی دل میں سلگ گئیں اور پھرتی سے ایک تیسری تصویر نکالی اور کہا ''ذرا مظہر بھائی کو دیکھنا، معلوم ہوتا ہے بورا ہے رکھا ہوا، مجھے تو پھریری آتی ہے دیکھنے سے......ذرا دیکھئے تو گردن''۔

مظہر واقعی بے حد موٹے تھے مگر یہ اشارہ تھا دراصل بھائی صاحب کی طرف اور بھابی جان نے فوراً ایک مسکراہٹ کے ساتھ اس کو محسوس کیا۔

''نہ بھاگنے کے نہ دوڑنے کے......''۔ خانم نے کہا (کیونکہ پرسوں ہی کا ذکر ہے کہ بھائی صاحب نے دوڑنے کا نمونہ میرے مقابلہ میں عجیب ہی بھدی طرح پیش کیا تھا)۔ بھابی جان نے فوراً تردید کی۔

''خیر دوڑنے بھاگنے کی بھلے آدمیوں کو ضرورت ہی کیا۔ مرغیاں پکڑنے کے لئے نوکر ہیں''۔

دراصل مرغی نکل بھاگی تھی اور اس کے سلسلہ میں ایک طرف سے بھائی صاحب نے لگے ہاتھوں اس کے گھیرنے کی ''کوشش'' کی تھی اور دوسری طرف سے میں نے۔

''جو دوڑ دھوپ نہ کر پائے وہ آدمی ہی کیا'' خانم نے کہا، اور اپنی تصویریں سمیٹ کر چلتی بنیں، مجھ سے خانم نے کہا'' آج شام کو فوٹو گرافر کو لے آنا''۔

(۳)

فوٹوگرافر آیا تو سب سے پہلے خانم نے اس کا کیمرہ دیکھا۔ فوٹوگرافی خیر سے جیسی جانتی تھیں مجھے خوب معلوم تھا، مگر فوٹوگرافی سے زیادہ وہ ''کوڈک'' اور ''زع ساکن'' اور دوسرے مشہور کارخانوں کے کیمروں اور لینسوں سے تو نہیں لیکن ہاں لینسوں کی فہرستوں سے یا پھر بالفاظ دیگر کیمروں اور لینسوں کے نام اور قیمتوں سے

اچھی طرح واقف تھیں اور واقعتا یہی ان کی فوٹوگرامی کا ماحصل تھا۔

''کون سا لینس[1] ہے آپ کے کیمرہ کا؟'' خانم نے فوٹوگرافرانہ شان سے پوچھا۔فوٹوگرافر نے جواب میں ایک عجیب وغریب لفظ کو مُوزّ[2] دتلفظ میں ادا کیا۔ خانم کے چہرے پر خفیف سی لاعلمی کی گھبراہٹ پیدا ہوئی۔ انہوں نے خواب میں بھی یہ نام نہ سنا تھا۔مگر لطف تو دیکھئے'' اچھا کہہ کر اٹھالیا۔ سر کی ایک جنبش کے ساتھ لینس کے ڈبہ پر مع مبالغہ ایک'' صد حرفی'' لفظ میں لینس کا نام درج تھا۔ یا تو یہ لینس کی قسم کا نام تھا، ورنہ کارخانہ کا نام تو شرطیہ تھا۔اس کو پڑھنے کی کوشش سوائے اس کے کیا ہوسکتی تھی کہ دل میں حرف شناخت کرتے اس موذی لفظ کا آدھا طول طے کرنے کے بعد دوسری طرف متوجہ ہو جائے۔ چنانچہ خانم نے یہی کیا اور پھر پوچھا'' کتنے کا کیمرہ ہے آپ کا؟''۔

''نیا منگایا ہے''۔ کچھ دھمکی دے کر فوٹوگرافر نے آنکھوں میں آنکھیں ڈال کر کہا۔'' فقط لینس چودہ سو روپے کا ہے''۔

آہستہ سے خانم نے لینس فوٹوگرافر کے ہاتھ میں واپس دے دیا۔'' آپ کہیں گی لینس پر اتنے دام کیوں خرچ کیئے تو وہ اس لئے کہ یہ لینس بال کی کھال کی تصویر کھینچ لیتا ہے''۔فوٹوگرافر نے'' بال کی کھال'' کہتے وقت اس تمکنت سے ہاتھ کو جنبش دے کر کہا گویا وہ خود لینس تھے۔

لینس کیمرہ پر چڑھا دیا گیا تو خانم نے پلیٹوں کی طرف توجہ کی اور کہا'' ریپڈ ہیں نا'' یہ کہہ کر ہاتھ بڑھایا ڈبہ کی طرف۔

''اکسٹرا ریپڈ'' ڈپٹ کر فوٹوگرافر نے کہا۔

خانم کو معلوم ہوگیا۔ یہ فوٹوگرافر دباؤ میں آنے والا نہیں ورنہ اس سے پیشتر جو آیا تھا اس کو انہوں نے نہ معلوم کتنا سکھا کر چھوڑا۔

---

[1] کیمرے کا شیشہ [2] مُغرب کا بھائی۔ کیا یہ صحیح ہے؟

کیمرہ موقع پر لگا دیا گیا اور خانم نے مجھے حکم دیا کہ کپڑے پہنوں۔ میں نے کوٹ پہن لیا تھا اور ٹائی لگا رہا تھا کہ خانم کمرے میں پہنچیں۔ ''آپ کو تو مجھ سے ضد ہے''۔ یہ کہہ کر ٹائی ہاتھ سے گھسیٹ کر وہ پھینکی۔

''ہیں!'' میں نے منہ پھاڑا ''ہیں!''

''کوئی دوسری ٹائی ہی نہیں جُوتی۔ بس یہی رہ گئی ہے۔ صبح یہی شام...... صبح یہی شام یہی!''

ٹرنک کھول ڈبہ سے ایک ''نئی نما'' ٹائی نکالی اور ہاتھ میں ٹائی لے کر کہا ''اور کوٹ! کوٹ!''

میں نے کوٹ کی طرف دیکھا۔ ''کیوں کیا ہوا؟''

''جیسے جانتے ہی نہیں کہ سیاہ کوٹ ہونا چاہیے''۔ یہ کہہ کر سردیوں کا آسمانی بلیزر نکال لائیں۔

''مار ڈالوگی...... گرمی میں''۔ میں نے بلیزر کو دیکھ کر کہا ''خدا کے لیے...... آپ کو تو فضول باتیں آتی ہیں۔ ایک لمحہ بھر کو پہننا ہے''۔ یہ کہہ کر برش کیا جانے لگا۔

''آیئے صاحب''۔ فوٹو گرافر صاحب بولے۔

میں نے جلدی جلدی کپڑے پہنے اور چلا باہر کو۔ خانم نے زور سے میرا بازو پکڑ کر کہا ''آئینہ میں دیکھو ذرا۔ ذرا سر کو۔ سر کو''۔

میں نے دیکھا بال بالکل ٹھیک بنے ہوئے تھے۔ مگر نہ ایسے جیسے خانم کو پسند ہیں۔ ان کا بنانا ہی دُشوار ہے۔

میں نے کہا ''خدا کے واسطے مجھ سے ویسے بال نہ بنواؤ، عورتوں جیسے''۔

''کیا آپ فضول باتیں کرتے ہیں ...... نہیں مانیں گے آپ ...... ادھر ...... اُدھر لاؤ میں نہ مانوں گی......''۔

پکڑ لیا خانم نے آخر کو۔ مجھے باتوں کا یہ نامعقول طرز سخت ناپسند تھا مگر...... کرسی پر بیٹھ گیا اور میری محبوب مشاطہ نے پیچھے کھڑے ہو کر میرا سر ٹھوڑی پکڑ کر گویا اپنی گود میں رکھ کر بال بنانا شروع کئے۔ نہایت کامیابی کے ساتھ برش سے نوک پلک درست کر کے اطمینان سے دیکھا۔ اب مجھے اجازت تھی۔ میں اٹھا کر اور مرکز نگاہ بنا ہوا کرسی پر جا کر بیٹھ گیا۔ فوٹو گرافر نے کیمرے کا لیول درست کر کے سیاہ کپڑے میں سر ڈال کر شست لگائی اور تھوڑی دیر بعد سر نکالا۔

''ٹھیک ہے!'' خانم نے پوچھا۔ اور اب اپنا سر سیاہ کپڑے میں ڈال کر دیکھا۔ کیمرے کے طاقتور لینس نے کچھ اور کہانی کہی۔ ایک دم سے خانم نے سر نکال کر فوٹو گرافر سے کہا۔ ''بالکل غلط ہے''۔

''کیسے؟ صاحب کیسے!''

''دیکھو خود''

فوٹو گرافر نے اپنا سر کپڑے میں ڈالا اور خانم نے کہا'' دیکھئے غور سے...... دو طرفہ چہرے کو...... بائیں طرف......''

''کیا ہے؟'' فوٹو گرافر نے اسی طرح سر ڈالے کہا۔

''کس قدر خراب تصویر آئے گی...... اور آپ کہتے ہیں کیا ہے۔ پوز[1] غلط ہے''۔

''تو صاحب گالوں کا گڑھا تو آئے گا''۔ سر نکال کر فوٹو گرافر نے کہا اور ادھر معاً میں نے ایک ناقابلِ محسوس طریقہ پر ایک بے اختیاری کے ساتھ ذرا گال پھلائے جواب میں بھنا کر خانم نے فوٹو گرافر کو دیکھا اور پھر کہا'' کیسے آپ کہتے ہیں؟'' میری طرف متوجہ ہو کر کہا۔'' آپ سیدھ میں اس بکری کی طرف دیکھئے''۔ سامنے ذرا بائیں ہاتھ کو یک بکری بیٹھی جگالی کر رہی تھی۔

---

1. رخ یا انداز نشست

اب خانم نے سر ڈال کر کپڑے میں دیکھا۔ ہاتھ سے اشارہ کر کے کہا: ''اُدھر کو...... اُدھر...... اُدھر...... بس بس ...... اونہہ اتنا نہیں۔ بس ایک ذرا اس طرف...... ہاں سر اونچا...... ارے اتنا نہیں...... بس ......بس...... ذرا آگے......''۔

یہ کہہ کر خانم نے اپنا سر نکالا اور کہا ''اب جنبش نہ کیجئے گا۔ آپ تو بکری پر نظر جمائے رہیے''

اب فوٹوگرافر صاحب کی پھر باری آئی۔ انہوں نے سر ڈالا اور بولے'' یہ پوز تو اس سے بھی غلط ہے''۔ یہ کہہ کر سر نکال لیا باہر اور کہا'' بالوں کو آپ نے نہیں دیکھا، بے طرح لائٹ پڑ رہی ہے۔ پھر ہونٹ باہر نکلے معلوم ہو رہے ہیں اور ٹھوڑی کی ہڈی...... آگے کو...... پھر کنپٹی......''۔

ادھر کچھ میرا حال بھی سنئے۔ گرمی کے مارے بُرا حال۔ پھر گردن کی رگ رگ میں درد، کیونکہ تمام رگیں ایک خاص طریقہ پر گردن کو سادھنے پر مجبور و مامور کی گئی تھیں، جیسے خیمہ کے وسط کے ستون کو ڈوریاں قاعدے سے کھینچتی رہتی ہیں۔ ہونٹ میرے موٹے ہیں۔ از خود میں انہیں دانتوں سے پکڑے نہیں بلکہ گویا چپے بیٹھا تھا۔ تمام باچھوں کی نازک و باریک شریانیں شل ہو چکی تھیں۔ پھر ہوا کہ ایک رمق اپنے ''چکیدہ'' گالوں کو خفیف سا پھلانے کے لئے بھی منہ میں روکے اور اس طرح کہ ایک طرف گال میں زیادہ ہوا ہو اور دوسری طرف کم۔ اس کا ذرا تجربہ کیجئے تب معلوم ہو گا کہ یہ کام بالخصوص کس قدر مشکل ہے۔ یہ سب باتیں اور پھر بکری! وہ بھلا نچے کاہے کو بیٹھتی۔ کھڑی ہو گئی اور گھوم کر دوسری جگہ۔ میں نے اس کی جگہ تو اندازا لی تھی کہ یہاں بیٹھی تھی اور سوچ لیا کہ نظر جگہ پر رکھوں گا۔ مگر فی الحال تو نظر بکری پر تھی۔ بول سکتا نہ تھا کیونکہ ہونٹ مسوڑوں کے ساتھ چپکائے بیٹھا تھا۔

خانم نے پھر سر اپنا ڈالا اور تھوڑا سا ادھر......ادھر......اوپر...... نیچے کرنے کے بعد فوٹو گرافر سے کہا اب تصویر لے لو۔

فوٹو گرافر نے بھی جھگڑا ختم کرنا چاہا اور ادھر اس نے ''ریڈی'' کہا اور ادھر میں نے ذرا گالوں میں ہوا پکڑی ''ون، ٹو، تھری'' تصویر کھنچ گئی۔

میں نے اطمینان کا سانس لیا۔ خانم اور فوٹو گرافر نے تصویر عمدہ ہونے کے بارے میں پیشین گوئیاں کیں۔ فوٹو گرافر کو حکم دیا گیا کہ جلد از جلد پلیٹ دھو کر دکھاؤ۔ اور اس کے بعد پروف۔

(۴)

غالباً آپ نے اسکول میں حساب پڑھا ہوگا، اور تمام علامات ''منفی و اثبات'' اور قوسین وغیرہ سے واقف ہوں گے۔ نفی کی علامت ہوتی ہے یہ (–) جس کو انگریزی میں ''مائی نس'' کہتے ہیں اور قوسین کی علامت ہوتی ہے یہ ( ) جس کو انگریزی میں اسمال بریکٹ'' یا'' چھوٹا بریکٹ'' کہتے ہیں، عربی میں شاید'' قوسین''۔

پلیٹ دُھل کر اور خشک ہو کر آئی۔ خانم نے کہا'' یہ کیا ہے؟''

ناک اور ٹھوڑی کے درمیان حساب کی عجیب علامت موجود تھی۔ اس طرح (–) یعنی نفی کی علامت قوسین صغیر کے درمیان!

''منہ ہے'' فوٹو گرافر نے کہا اور واقعی تھا بھی منہ ہی، مونچھیں میں منڈواتا تھا۔

''اے صاحب! یہ کیا؟......دونوں طرف!'' خانم نے قوسین کو پوچھا۔ ''یہ کیا؟''

فوٹو گرافر نے اسے شاید تجاہلِ عارفانہ خیال کیا اور جواباً میرے منہ کی طرف دیکھا۔ میں نے قدرتاً جمائی لے کر ایک خاص طریقہ سے منہ سکیڑ کی ان قوسین کو اپنے چہرے پر سے معدوم کرنا چاہا۔ یعنی ہونٹ سمیٹ کر ذرا آگے کر دیئے۔

فوٹو گرافر نے میری طرف انگلی سے بتا کر کہا۔ ''یہ جھریاں ہیں، باچھوں کے

ادھراور اُدھر دیکھئے۔

''اتنی واضح تو نہیں ہیں''۔ خانم نے کہا۔

''میرا لینس تو بال سے بھی باریک نشان کو نہیں چھوڑتا اور پھر میری کیا خطا ہے، لینس کا تو کام ہی یہ ہے کہ اصل کی نقل اُتار دے''۔

''پرنٹ لیجئے...... پروف بنایئے......دیکھیں''۔ خانم نے کہا۔

پروف تیار ہوااور میں بے چین سا ہوگیا۔ کیونکہ گال مصنوعی طور پر پھلائے تھے، اور صاف معلوم ہوتا تھا''۔ ''یہ کیا؟''۔ خانم نے ایک نظرِ قہراب میرے اوپر ڈالی۔ اسی حرکت کی وجہ سے یہ عجیب قوسین اس قدر واضح ہو گئے تھے۔

میں کیا جواب دیتا۔ کچھ ہکلا کر مجرمانہ انداز سے قہر آگیں نظروں کو دیکھ کر دل ہی دل میں پڑھنے لگا۔

تو اگر چاہے اُلٹ دے پردۂ بزمِ مجاز
کوئی شے مشکل نہیں حسنِ برہم کے لیے

حسنِ برہم نے پلیٹ اٹھا کر وہ پھینکی اور جھن سے فرش پر گر کر کھیل کھیل ہوگئی۔

پلیٹ پھینک کر خانم نے فوٹوگرافر سے کہا'' آپ نہ تو پوز لیتا نہ یہ کہ کسی جگہ کو خاص فوکس میں لیں اور نہ پھر آپ کو یہ پتہ کہ روشنی کا رخ کدھر ہے۔ اور پھر پلیٹ دھونے میں تو آپ کمال کرتے ہیں۔ بالکل سیاہ بھٹ تصویر کھینچ کر رکھدی۔ بس کیمرہ قیمتی ہو، یہ نہ معلوم کیا سوچ رکھا ہے سب نے''۔

فوٹوگرافر اس کا جواب دیتا۔ اس نے میری طرف دیکھا، اور میں نے اُس کو آنکھ ماری کہ چپ رہے۔ وہ ایک تاجر آدمی سمجھ گیا، اور بولا خفا کیوں ہوتی ہیں۔ میں دوسرا تیار کرتا ہوں...... ابھی''۔

آپ سے نہیں کھنچے گی۔ خانم نے کہا۔
''ابھی لیجئے۔ ابھی۔ ابھی۔ دیکھئے میری کاریگری''۔ خانم کی کمزوری کو اس نے شاید میری آنکھ جھپکاتے ہی تاڑ لیا تھا۔

پھر مجھے سو سنگھار کرنے پڑے۔ بن ٹھن کر میں 'بتِ طناز' کی طرح کرسی کے آغوش میں۔

پھر تمام وہی مراحل طے ہوئے۔ اب کی مرتبہ میں نے گال قطعی نہ پھلائے کیونکہ فوٹوگرافر نے دوسری ترکیب پیش کی تھی۔ وہ یہ کہ چھوٹے چھوٹے دو پان کھلا کر کہا تھا کہ چبا کر ادھر ادھر برابر حصوں میں تقسیم کرلوں۔ جوں توں کر کے تصویر لی گئی۔

شام ہی کو فوٹوگرافر نے پلیٹ پیش کی۔ خانم نے فوراً ناپسند کر دی۔ مگر قبل ازیں کہ ناپسندیدگی کے وجوہات بیان کریں۔ فوٹوگرافر نے زبان بندی کر دی۔ ''آپ ابھی کچھ نہ کہیں۔ اگر تصویر ناپسند ہو تو جو چور کا حال سو میرا''۔

پروف لیا گیا بے حد خراب آیا۔ یعنی بالفاظ دیگر بالکل مطابق اصل کیمرہ کے طاقتور لینس نے رخساروں کی مٹی پلید کر دی تھی۔ بیچ میں پان دبا ہوا تھا، اور ابھر آئے تھے۔ مگر اردگرد آگرہ کے قلعہ کی طرح خندق تھی۔ قوسین منہ کے ہر دو جانب بدستور تھے۔ مگر اتنے واضح بیشک نہیں تھے جتنے گال ویسے پھلانے سے پیشتر والی تصویر میں آ گئے تھے۔ پھر چہرے کی دوسری جگہ کی تمام جھریاں جو ایک چرخ چہرے کا امتیازی نشان، اپنی اپنی جگہ اس صفائی سے موجود تھیں کہ جی یہی چاہتا تھا کہ مٹا دے سب کو ایک دم۔ پھر مجملاً تمام چہرے پر دھوپ چھاؤں سی چھٹکی ہوئی۔ آئینہ میں شاید اپنی صورت کی جملہ کائنات ''خود پرستانہ'' عینک آنکھوں کے سامنے لازمی طور پر ہونے کی وجہ سے دکھائی دینا دشوار ہے۔ فوٹوگرافر اس بہترین تصویر کو ''نامکمل'' اور ''خاکہ'' کا لقب دے

کر لے گیا، ری ٹچ کرنے کے لئے۔ ورنہ واقعہ تو یہ ہے کہ تصویر نہ صرف میری بہترین تصویر تھی۔ بلکہ بالکل مطابق اصل۔

''ارے بلانا تو ذرا''۔ خانم نے بوکھلا کر بلوایا۔ وہ آیا تو خانم نے انگلی کے اشارے سے پلیٹ کو دیکھ کر بتایا''یہ نہ آنا چاہیے''۔یعنی قوسین۔

فوٹوگرافر نے اطمینان دلایا کہ آپ یہ اطمینان رکھیں، ان کا تو پتہ تک نہ چلے گا۔

(۵)

پانچ روز بعد کا واقعہ ہے کہ میں کالج سے واپس آیا سارا کمرہ گویا آئینہ کی طرح چمک رہا تھا۔ خانم کمرے میں کھڑی دونوں ہاتھوں کی مٹھیوں کی دُوربین بنائے ہوئے۔ دیوار کی طرف دیکھ رہی تھی۔ میرے پیر کی آہٹ سن کر میری طرف دیکھا۔ میرا ایک قدم برآمدہ میں تھا۔ اور دوسرا کمرے میں، ہم دونوں نے ایک دوسرے کو دیکھا اور پھر میں نے دیوار کی طرف۔ سامنے میری تصویر دیوار پر آویزاں تھی۔ واللہ کیا تصویر تھی کہ میں دیکھتا کا دیکھتا رہ گیا۔

''یا صورتے کش ایں چنیں یا ترک صورت گری''۔ میں نے کہا

''کیسی لاجواب تصویر کھینچی ہے''۔تصویر کی مالکہ یعنی خانم نے کہا۔

''یہ کس کی تصویر ہے؟'' کمرے میں داخل ہوتے ہوئے بھابی جان نے کہا، پھر ذرا زور دے کر کہا''یہ کس کی تصویر ہے؟''

خانم نے بھابی جان کی طرف دیکھا۔ بھابی جان نے خانم اور تصویر اور میری طرف دیکھ کر پھر خانم سے پوچھا۔''کہاں سے آئی...... یہ کس کی تصویر ہے؟''

خانم کے دلی جذبات کا مجھے ٹھیک پتہ نہیں سوائے اس کے کہ ان کے روشن چہرے پر غصہ کا ایک غبار سا چھا گیا۔ مگر مجھ سے پوچھئے کہ میرا کیا حال ہوا۔ حالانکہ تصویر کسی طرح میرا فوٹو کہلانے کی مستحق نہ تھی اور نہ میں نے اسے بنوایا تھا مگر اس کو میں

وجود میں لانے کا ذمہ دار ہونے کی وجہ سے کچھ عجیب ہی طرح خجل تھا۔

بھابی جان نے شاید خاموشی کے کچھ معنی لئے اور غور سے تصویر اور میرے چہرہ کا مقابلہ کر کے مسکرا کر اپنے سر کو جنبش دے کر کہا۔ ''آپ کی ہے؟ ...... سچ بتایئے.. آپ کی ہے نا؟''

''افوہ!'' خانم نے جل کر کہا ''افوہ! کیسی بنتی ہیں آپ جیسے......''۔

اتنے میں کھٹ سے دروازہ کی چوکھٹ پر آواز ہوئی، اور بھائی صاحب نے اپنی بلند آواز میں کہا ''کیا ہے؟...... ہیں...... یہ کس کی تصویر ہے؟''

''خوب! یہ آپ کی تصویر ہے؟'' بھابی جان نے کہا۔

''یہ کس گدھے نے تصویر کھینچی ہے؟'' بھائی صاحب نے کہا۔ ''لاحول ولا قوۃ'' خانم کے یہاں اس وقت کبابوں کی دکان لگی ہوئی تھی۔ کیا میں جواب دیتا اور کیا وہ۔

بھابی جان کے چہرے پر سخت شرارت آمیز مسکراہٹ رقص کر رہی تھی۔ انہوں نے جلدی جلدی عینک صاف کی اور غور سے عینک داہنے ہاتھ سے پکڑ کر مجھے دیکھ کر اب تصویر کو نہایت ہی غور سے دیکھنا شروع کیا۔ ان کا چہرہ زیادہ بشاش ہو گیا۔ مسکراہٹ آمیز شرارت اور شرارت آمیز مسکراہٹ زیادہ نمایاں ہوتی گئی۔ خانم ان کے چہرے کی طرف ٹکٹکی باندھے دیکھ رہی تھیں۔ جس مناسبت سے بھابی جان کھلتی جا رہی تھیں، اسی مناسبت سے خانم کے چہرے پر غم و غصہ کی تحریر پرتاب ہوتی جا رہی تھی۔ حتیٰ کہ...... جنگ!

....

بھابی جان کمرے سے قہقہے لگاتی گئیں۔ جب ذرا غصہ کم ہوا تو خانم نے اس سازش کا اندیشہ ظاہر کیا۔ جس کا بھابی جان نے آغاز کیا تھا۔ دراصل بھابی جان اور بھائی صاحب دونوں لڑنے کی نیت سے مشورہ کر کے آئے تھے۔

ابھی یہ باتیں ہو رہی تھیں کہ شیخانی بُوا آ پہنچیں۔

''یہ تصویر کس کی ہے؟'' انہوں نے غور سے دیکھ کر رکابی سے تصویر کی طرف اشارہ کرکے مسکراتے ہوئے کہا۔ ''کسی فرنگن کی ہے؟ میم کی؟''۔ خانم اس زور سے پھٹ پڑیں کہ خدا کی پناہ۔

''ایسی باتیں وہیں (بھابی جان سے) جاکر کیا کرو۔ خبردار جو مجھ سے ایسی باتیں کیں''۔ بڑبڑاتی ہوئی شیخانی کمرے سے نکل گئیں۔

اتنے میں خربوزے والی آ گئی۔ روز آتی تھی۔ میری دانست میں بھابی جان کے کمرے سے ہو کر ہی آئی تھی۔ جب ہی تو اس کو انہوں نے سکھا کر بھیجا۔ اس نے آتے ہی بجائے خربوزوں کی بات کرنے کے فوراً خانم کی طرف دیکھ کے پوچھا ''یہ تصویر کس کی ہے؟''۔

''نِکل یہاں سے'' خانم نے آگ بگولا ہو کر کہا ''نِکل یہاں سے چڑیل۔ نِکل نہیں......نِکل۔ نِکل)

''مشین کا شٹل منگوایا ہے''۔

مڑ کے خانم نے دیکھا۔ پڑوس کے بنگلہ میں خانم کی منہ بولی بہن رہتی تھی۔ انہوں نے لڑکے ملازم کو شٹل لینے بھیجا تھا۔

''اچھا دیتی ہوں'' خانم نے کہا۔

''یہ تصویر کس کی ہے؟'' اس نے گویا جواب دیا۔

خانم نے ایک چانٹا اس زور سے اس کے گال پر دیا کہ جب تک وہ لکڑی تلاش کریں وہ روتا ہوا بھاگا۔

''ابے شٹل تو لیتا جا''۔ میں نے پکار کر کہا۔ مگر وہ تو ڈبل جا رہا تھا۔ ابھی خانم بڑبڑا ہی رہی تھیں کہ ممانی جان کے یہاں سے آپا جی آئیں۔ بھیجی گئی تھیں وہ خانم کی

طبیعت کا حال پوچھنے، مگر دیکھئے تو مکارہ کی باتیں کہ پوچھتی ہے ''یہ تصویر کس کی ہے''۔

ایک ڈانٹ بتائی خانم نے اور ڈپٹ کر نکالا۔

''میں تو طبیعت پوچھنے آئی تھی......''۔

''چولہے میں جائے طبیعت......نکلو یہاں سے''۔

آپا جی کو نکال کر اب خانم کی عجیب حالت تھی۔

آپا جی گئی ہی تھیں کہ بہشتی کا لڑکا آیا۔ ''انعام'' مانگنے۔ اس کی خبر لی گئی کہ دھوبن آئی۔ اس کے بعد والدہ صاحبہ آئیں۔ پھر نانی اماں آئیں اور انہوں نے بھی آنکھیں مچکا کر یہی پوچھا۔

دن بھر اسی ہڑبونگ میں کٹا۔ شام کو جو میں واپس آیا ہوں تو کیا دیکھتا ہوں کہ ایک لکڑی موٹی سی رکھی ہے۔ پیمانۂ صبر لبریز ہو چکا ہے۔ اگر اب کسی نے پوچھا کہ یہ تصویر کس کی ہے تو اس کی خیر نہیں''۔ خانم نے لکڑی دکھا کر مجھ سے کہا۔

اتفاق تو دیکھئے کہ بھابی جان کا کتا ٹامی کمرے میں آیا اور لگا دُم ہلا کر دیکھنے تصویر کی طرف۔

اس نے دُم ہلانا بند کر دی۔ غور سے تصویر کی طرف دیکھ کر ساکت ہو گیا۔ سناٹے میں آ گیا۔ دیکھتے دیکھتے ادھر تصویر سے آنکھ ہٹا کر اس نے خانم کی طرف سوالیہ آنکھیں پھیری ہیں کہ وہی لکڑی اس زور سے اس کی پیٹھ پر پڑی کہ دوہرا ہو گیا۔ اور بے تحاشہ بھاگا۔ خانم اس کے پیچھے...... دروازہ پر جھولے دار کرڑی میں کتا الجھا...... ادھر سے خانم......اور ادھر سے اپنا عزیز ٹامی کی صدائے فریاد پر لبیک کہہ کر بھابی جان لپکیں۔ کتا تو نکل گیا مگر جیٹھانی دیورانی میں ایسی ٹکر ہوتی کہ دونوں گریں۔ بھابی جان کی عینک ٹوٹ گئی۔ جو ابھی ابھی انہوں نے مجھ سے مول لی تھی، اور دام بھی نہیں دیئے تھے۔

''یہ لیجئے اپنی عینک'' بھابی جان سے ٹوٹی ہوئی عینک میرے ہاتھ میں دی، گویا

اب دام نہ دیں گی اور پھر اس کے بعد......

آج تک خانم اور بھابی جان میں بات چیت نہیں ہوئی اور ہو کیسے کیونکہ انہوں نے قسم کھا رکھی ہے کہ میں لوگوں کو سکھانے پڑھانے سے باز نہ آؤں گی۔ چنانچہ جو آتا ہے، وہ یہی پوچھتا ہے کہ "یہ تصویر کس کی ہے" اور پھر۔ بی جان کو دیکھئے کہ قسمیں کھاتی ہیں جھوٹی کہ میں نے کسی کو نہیں سکھایا۔ کیا کوئی تدبیر ہے کہ بھابی جان لوگوں کو سکھانا پڑھانا چھوڑ دیں اور لوگ یہ نامعقول سوال کرنا چھوڑ دیں؟

پطرس بخاری

کتے

علم الحیوانات کے پروفیسروں سے پوچھا، سلوتریوں سے دریافت کیا، خود سَر کھپاتے رہے لیکن کبھی سمجھ میں نہ آیا کہ آخر کتوں کا کیا فائدہ ہے، گائے کو لیجئے، دودھ دیتی ہے، بکری کو لیجئے دودھ دیتی ہے، اور مینگنیاں بھی۔ یہ کتے کیا کرتے ہیں؟ کہنے لگے وفادار جانور ہے۔ اب جناب وفاداری اگر اسی کا نام ہے کہ شام کے وقت سات بجے سے جو بھونکنا شروع کیا تو لگاتار بغیر دم لئے صبح کے چھ بجے تک بھونکتے ہی چلے گئے تو ہم لنڈورے ہی بھلے۔

کل ہی کی بات ہے کہ رات گیارہ بجے ایک کتے کی طبیعت ذرا گدگدائی تو انہوں نے باہر سڑک پر آکر "طرح" کا ایک مصرع دے دیا۔

ایک آدھ منٹ بعد سامنے بنگلے میں سے ایک کتے نے مطلع عرض کر دیا۔ اب جناب ایک کہنہ مشق استاد کو یہ غصہ آیا تو ایک حلوائی کے چولہے سے باہر لپکے اور بھنا کر پوری غزل مقطع تک کہہ گئے۔ اس پر شمال مشرق کی طرف سے ایک قدر شناس کتے نے زوروں کی داد دی۔

اب تو حضرت وہ مشاعرہ گرم ہوا کہ کچھ نہ پوچھئے۔ بعض تو دوغزلے، سہ غزلے لکھ لائے تھے، کئی ایک نے فی البدیہہ قصیدے کے قصیدے پڑھ ڈالے وہ ہنگامہ گرم ہوا کہ ٹھنڈا ہونے میں نہیں آتا تھا، ہم نے کھڑکی میں سے ہزاروں دفعہ آرڈر آرڈر پکارا

لیکن ایسے موقعوں پر دھان کی بھی کوئی نہیں سنتا۔ اب ان سے کوئی پوچھے کہ میاں تمہیں ایسا ہی ضروری مشاعرہ کرنا تھا تو دریا کے کنارے کھلی ہوا میں جا کر طبع آزمائی کرتے، یہ گھروں کے درمیان آ کر سوتوں کو ستانا کونسی شرافت ہے؟ اور پھر ہم دیسی لوگوں کے کتے بھی کچھ عجیب بدتمیز واقع ہوئے ہیں۔ اکثر تو ان میں سے ایسے قوم پرست ہیں کہ پتلون اور کوٹ کو دیکھ کر ہی بھونکنے لگ جاتے ہیں۔ خیر یہ تو ایک حد تک قابلِ تعریف بھی ہے، اس ذکر کو جانے ہی دیجئے اس کے علاوہ ایک بات اور بھی ہے، یعنی ہمیں بار ہا ڈالیاں لے کر صاحب لوگوں کے بنگلوں پر جانے کا اتفاق ہوا۔ خدا کی قسم ان کتوں میں وہ شائستگی دیکھی کہ عش عش کر کے لوٹ آئے ہیں۔ جونہی ہم بنگلے کے دروازے میں داخل ہوئے، کتے نے برآمدے میں کھڑے ہو کر ایک ہلکی سی ''بخ'' کر دی، اور پھر منہ بند کر کے کھڑا ہو گیا۔ ہم آگے بڑھے تو اس نے بھی چار قدم آگے بڑھ کر ایک نازک اور پاکیزہ آواز میں پھر ''بخ'' کر دی۔ چوکیداری کی چوکیداری، موسیقی کی موسیقی۔ ایک ہمارے کتے ہیں کہ راگ نہ سُر، سَر نہ پیر تان پر تان لگائے جاتے، بے تالے کہیں کے نہ موقع دیکھتے ہیں نہ وقت پہچانتے ہیں، بس گلے بازی کئے جاتے ہیں اور گھمنڈ اس بات پر ہے کہ تان سین اس ملک میں پیدا ہوا تھا۔

اس میں شک نہیں کہ ہمارے تعلقات کتوں سے ذرا کشیدہ ہی رہے ہیں لیکن ہم سے قسم لے لو جو ایسے موقع پر ہم نے کبھی ستیہ گرہ سے منہ موڑا ہو، شاید آپ اس کو تعلّی سمجھیں، لیکن خدا شاہد ہے کہ آج تک کسی کتے پر ہاتھ اٹھ ہی نہ سکا۔ اکثر دوستوں نے صلاح دی کہ رات کے وقت لاٹھی، چھڑی ضرور ہاتھ میں رکھنی چاہئے کہ دافع بلیات ہے۔ لیکن ہم کسی سے خواہ مخواہ عداوت پیدا کرنا نہیں چاہتے، حالانکہ کتے کے بھونکتے ہی ہماری طبعی شرافت ہم پر اس قدر غلبہ پا جاتی ہے کہ آپ ہمیں اگر اس وقت دیکھیں تو یقیناً یہی سمجھیں گے کہ ہم بزدل ہیں، شاید آپ اس وقت بھی یہ اندازہ لگا لیں کہ ہمارا گلا

خشک ہوا جاتا ہے، یہ البتہ ٹھیک ہے، ایسے موقع پر کبھی گانے کی کوشش کروں گا تو کھرج کے سروں کے علاوہ اور کچھ نہیں نکلتا۔ اگر آپ نے بھی ہم جیسی عادت پائی ہو تو دیکھیں گے کہ ایسے موقع پر آیۃ الکرسی آپ کے ذہن سے اُتر جائے گی، اس کی جگہ شاید آپ دعائے قنوت پڑھنے لگ جائیں۔

بعض اوقات ایسا بھی اتفاق ہوا کہ رات کے دو بجے چھڑی گھماتے تھیٹر سے واپس آ رہے ہیں اور ناٹک کے کسی نہ کسی گیت کی طرز ذہن میں بٹھانے کی کوشش کر رہے ہیں کیونکہ گیت کے الفاظ یاد نہیں اور نو مشقی کا عالم بھی ہے، اس لئے سیٹی پر اکتفا کی ہے کہ بے سُر بھی ہو گئے ہیں تو کوئی یہی سمجھے گا کہ شاید انگریزی موسیقی ہے۔ اتنے میں ایک موڑ پر سے گذرے تو سامنے ایک بکری بندھی تھی، ذرا تصور ملاحظہ فرمایئے آنکھوں نے اسے بھی کتا ہی دیکھا۔ ایک تو کتا اور پھر بکری کی جسامت کا، گویا بہت ہی کتا۔ بس ہاتھ پاؤں پھول گئے، چھڑی کی گردش دھیمی ہوتے ہوتے ایک نہایت نامعقول زاویئے پر ہوا میں ٹھہر گئی۔ سیٹی کی موسیقی بھی تھرتھرا کر خاموش ہو گئی، لیکن کیا مجال جو ہماری تھوتھنی کی مخروطی شکل میں ذرا بھی فرق آیا ہو۔ گویا ایک بے آواز لے ابھی تک نکل رہی ہے۔ طب کا مسئلہ ہے ایسے موقع پر اگر سردی کے موسم میں بھی پسینہ آ جائے تو کوئی مضائقہ نہیں بعد میں سوکھ جاتا ہے۔

چونکہ ہم طبعاً ذرا محتاط ہیں اس لئے کبھی آج تک کتے کے کاٹنے کا اتفاق نہیں ہوا یعنی کسی کتے نے آج تک ہم کو نہیں کاٹا۔ اگر ایسا سانحہ پیش آیا ہوتا تو اس سرگزشت کی بجائے آج ہمارا مرثیہ چھپ رہا ہوتا، تاریخی مصرعہ دعائیہ ہوتا کہ اس کتے کی مٹی سے کتا گھاس پیدا ہو لیکن

کہوں کس سے میں کہ کیا ہے، سگِ رہ بری بلا ہے
مجھے کیا برا تھا مرنا، اگر ایک بار ہوتا!

جب تک اس دنیا میں کتے موجود ہیں اور بھونکنے پر مصر ہیں۔ سمجھ لیجئے کہ ہم قبر میں پاؤں لٹکائے بیٹھے ہیں اور پھران کتوں کے بھونکنے کے اصول بھی تو نرالے ہوتے ہیں یعنی ایک تو متعدی مرض ہے اور پھر بچوں، بوڑھوں سبھی کو لاحق ہے۔ اگر کوئی بھاری بھرکم اسفند یار کتا کبھی کبھی اپنے رعب اور دبدبے کو قائم رکھنے کے لئے بھونک لے تو ہم بھی چار و نا چار کہہ دیں کہ بھئی بھونک، اگر چہ ایسے وقت میں اس کو زنجیر سے بندھا ہوا ہونا چاہئے، لیکن یہ کمبخت دوروزہ، سہ روزہ، دودو، تین تین تولے کے پلے بھی بھونکنے سے باز نہیں آتے۔ باریک آواز ذرا سا پھیپھڑا، اس پر بھی افتاد یہ کہ زور لگا کر بھونکتے ہیں کہ آواز کی لرزش دُم تک پہنچتی ہے اور پھر بھونکتے ہیں کہ چلتی موٹر کے سامنے آ کر گویا روک ہی لیں گے، اب یہ خاکسار موٹر چلا رہا ہو تو قطعاً ہاتھ کام کرنے سے انکار کر دیں لیکن ہر کوئی ان کی جان بخشی تھوڑا ہی کرے گا۔

کتوں کے بھونکنے پر مجھے سب سے بڑا اعتراض یہ ہے کہ ان کی آواز سوچنے کے تمام قویٰ معطل کر دیتی ہے۔ خصوصاً جب کسی دوکان کے تختے کے نیچے سے ان کا ایک پورا خفیہ جلسہ سڑک پر آ کر تبلیغ کا کام شروع کر دے تو آپ ہی کہئے...... ہوش ٹھکانے رہ سکتے ہیں؟ ہر ایک طرف باری باری سوچنا پڑتا ہے، کچھ ان کا شور، کچھ ہماری صدائے احتجاج (زیر لب) بے ڈھنگی حرکات و سکنات، اس ہنگامے میں بھلا دماغ کام کر سکتا ہے؟ اگر چہ یہ مجھے بھی نہیں معلوم اگر ایسے موقع پر دماغ کام کرے بھی تو کیا تیر مار لے گا؟ بہر صورت کتوں کی پرلے درجے کی ناانصافی میرے نزدیک ہمیشہ قابل نفریں رہی ہے۔ اگر ان کا ایک نمائندہ شرافت کے ساتھ ہم سے آ کر کہہ دے کہ عالی جناب سڑک بند ہے تو خدا کی قسم ہم بغیر چوں و چرا کئے واپس لوٹ جائیں اور یہ کوئی نئی بات نہیں ہے۔ ہم نے کتوں کی درخواست پر کئی راتیں سڑکیں ناپنے میں گزار دی ہیں۔ لیکن پوری مجلس کا یوں متفقہ طور پر سینہ زوری کرنا ایک کمینہ حرکت ہے۔ قارئین

کرام کی خدمت میں عرض ہے۔ اگر ان کا کوئی عزیز محترم کتا کمرے میں موجود ہو تو یہ مضمون بلند آواز سے نہ پڑھا جائے مجھے کسی کی دل شکنی مطلوب نہیں۔ خدا نے ہر قوم میں نیک افراد بھی پیدا کیئے ہیں۔ کتے اس کلئے سے مستثنیٰ نہیں، آپ نے خدا ترس کتا بھی ضرور دیکھا ہوگا۔ عموماً جس کے جسم پر تپسیا کے اثرات ظاہر ہوتے ہیں۔ جب چلتا ہے تو اس کی مسکینی اور عجز سے گویا بارِ گناہ کا احساس آنکھ نہیں اُٹھانے دیتا۔ دُم اکثر پیٹ کے ساتھ لگی رہتی ہے، سڑک کے بیچوں بیچ غور وفکر کے لئے لیٹ جاتا ہے۔۔۔۔اور آنکھیں بند کر لیتا ہے۔ شکل بالکل فلاسفروں جیسی اور شجرہ دیو جانس کلبی سے ملتا ہے، کسی گاڑی والے نے متواتر بگل بجایا۔ گاڑی کے مختلف حصوں کو کھٹکھٹایا، لوگوں سے کہلوایا، خود دس بارہ دفعہ آوازیں دیں تو اپنے سر کو وہیں زمین پر رکھے سرخ مخمور آنکھوں کو کھولا صورتِ حالات کو ایک نظر دیکھا اور پھر آنکھیں بند کر لیں۔ کسی نے ایک چابک لگایا۔ آپ نہایت اطمینان کے ساتھ وہاں سے اٹھ کر ایک گز پر جا لیٹے اور خیالات کے سلسلے کو جہاں سے وہ ٹوٹ گیا تھا وہیں سے شروع کر دیا کسی بائیسکل والے نے گھنٹی بجائی تو وہ لیٹے لیٹے ہی سمجھ گئے کہ بائیسکل ہے۔ ایسی چھچھوری چیزوں کے لئے وہ رستہ چھوڑ دینا فقیری کی شان کے خلاف سمجھتے ہیں رات کے وقت یہی کتا اپنی خشک پتلی سی دُم کو تاحدِ امکان سڑک پر پھیلا کر رکھتا ہے اس سے محض خدا کے برگزیدہ بندوں کی آزمائش مقصود ہوتی ہے، جہاں آپ نے غلطی سے پاؤں رکھ دیا۔ انہوں نے غیظ و غضب کے لہجے میں آپ سے پرسش شروع کر دی۔ بچہ! فقیروں کو چھیڑتا ہے، نظر نہیں آتا۔ ہم سادھو لوگ یہاں بیٹھے ہیں۔ بس اس فقیر کی بددعا اسی وقت رعشہ شروع ہو جاتا ہے، بعد میں کئی راتوں تک یہی خواب نظر آتے رہتے ہیں کہ بے شمار کتے ٹانگوں سے لپٹے ہوئے ہیں اور جانے نہیں دیتے۔ آنکھ کھلتی ہے تو پاؤں چارپائی کی ادوان میں پھنسے ہوتے ہیں۔

اگر خدا نے مجھے کچھ عرصے کے لئے اعلیٰ قسم کے بھونکنے اور کاٹنے کی طاقت عطا فرمائی تو جنونِ انتقام میرے پاس کافی مقدار میں ہے۔ رفتہ رفتہ سب کتے علاج کے لئے کسولی پہنچ جائیں۔ ایک شعر ہے۔

عرفی تو میندیش زغوغائے رقیباں
آوازِ سگاں کم نہ کند رزقِ گدارا

یہی وہ خلافِ فطرت شاعری ہے جو ایشیا کے لئے باعثِ ننگ ہے۔ انگریزی میں ایک مثل ہے کہ "بھونکتے ہوئے کتے کاٹا نہیں کرتے" یہ بجا سہی لیکن کون جانتا ہے کہ ایک بھونکتا ہوا کتا کب بھونکنا بند کردے اور کاٹنا شروع کردے......!

شوخیٔ تحریر (حصہ اول) 86 مرتب : تنویر حسین

پطرس بخاری

مرحوم کی یاد میں

ایک دن مرزا صاحب اور میں، برآمدے میں ساتھ ساتھ کرسیاں ڈالے چپ چاپ بیٹھے تھے، جب دوستی پرانی ہوگئی ہو تو گفتگو کی چنداں ضرورت باقی نہیں رہتی اور دوست ایک دوسرے کی خاموشی سے بھی لطف اندوز ہو سکتے ہیں، یہی ہماری حالت تھی، ہم دونوں اپنے اپنے خیالات میں غرق تھے، مرزا صاحب تو خدا جانے کیا سوچ رہے تھے، لیکن میں زمانے کی ناسازگاری پر غور کر رہا تھا، دور سڑک پر تھوڑے وقفے کے بعد ایک موٹر گزر جاتی تھی۔ میری طبیعت کچھ ایسی واقع ہوئی ہے کہ جب میں کبھی کسی کی موٹر کار دیکھتا ہوں، مجھے زمانے کی ناسازگاری کا خیال ضرور ستاتا ہے اور میں کوئی ایسی ترکیب ضرور سوچنے لگتا ہوں جس سے تمام دنیا کی تمام دولت سب انسانوں پر تقسیم کی جاسکے۔ اگر میں سڑک پر پیدل جا رہا ہوں اور کوئی موٹر اس ادا سے گزر جائے کہ گرد و غبار میرے پھیپھڑوں، میرے دماغ، میرے معدے اور میری تلی تک پہنچ جائے تو اس دن گھر میں آ کر علم کیمیا کی وہ کتاب نکال لیتا ہوں جو میں نے ایف اے میں پڑھی تھی۔ اور اس غرض سے اس کا مطالعہ کرنے لگتا ہوں کہ شاید بم بنانے کا کوئی نسخہ ہاتھ آ جائے۔

میں کچھ دیر تک آہیں بھرتا رہا۔ مرزا صاحب نے کچھ توجہ نہ کی، آخر میں نے خاموشی کو توڑا اور مرزا صاحب سے مخاطب ہو کر بولا۔

مرزا صاحب! ہم میں اور حیوانوں میں کیا فرق ہے؟

مرزا صاحب بولے ''بھئی کچھ تو ہوگا نا آخر؟''

میں نے کہا ''میں بتاؤں تمہیں؟''

کہنے لگے۔ ''بولو''

''میں نے کہا کوئی فرق نہیں...... سنتے ہو مرزا کوئی فرق نہیں، ہم میں اور حیوانوں میں، کم از کم مجھ میں اور حیوانوں میں فرق نہیں...... ہاں ہاں، میں جانتا ہوں کہ تم مین میخ نکالنے میں بڑے طاق ہو، کہہ دو گے حیوان جگالی کرتے ہیں تم نہیں کرتے، اس کے دم ہوتی ہے تمہارے نہیں ہوتی...... لیکن ان باتوں سے کیا ہوتا ہے؟ ان سے تو صرف یہی ثابت ہوتا ہے کہ وہ مجھ سے افضل ہیں۔ لیکن ایک بات میں میں اور وہ بالکل برابر ہیں، وہ بھی پیدل چلتے ہیں میں بھی پیدل چلتا ہوں، اس کا تمہارے پاس کیا جواب ہے؟ جواب نہیں۔ کچھ ہے تو کہو...... بس چپ ہو جاؤ تم کچھ نہیں کہہ سکتے جب سے میں پیدا ہوا ہوں اسی دن سے پیدل چل رہا ہوں۔

''پیدل...... تم پیدل کے معنی نہیں جانتے، پیدل کے معنی ہیں سینہ زمین پر اس طرح سے حرکت کرنا کہ دونوں پاؤں میں سے ایک ضرور زمین پر رہے۔ یعنی تمام عمر میرے حرکت کرنے کا طریقہ یہی رہا ہے کہ ایک پاؤں زمین پر رکھتا ہوں دوسرا اٹھاتا ہوں ایک آگے ایک پیچھے۔ خدا کی قسم اس طرح کی زندگی سے دماغ سوچنے کے قابل نہیں رہتا۔ حواس بیکار ہو جاتے ہیں، تخیل مر جاتا ہے۔ آدمی گھر سے بدتر ہو جاتا ہے۔

مرزا صاحب، میری اس تقریر کے دوران میں کچھ اس بے پروائی سے سگریٹ پیتے رہے کہ دوستوں کی بے پروائی پر رونے کو دل چاہتا ہے میں نے از حد حقارت اور نفرت کے ساتھ منہ ان کی طرف سے پھیر لیا، ایسا معلوم ہوتا تھا کہ مرزا کو میری باتوں پر یقین ہی نہیں آتا، گویا میں جو اپنی تکالیف بیان کر رہا ہوں وہ خیالی ہیں، یعنی میرا

پیدل چلنے کے خلاف شکایت کرنا قابلِ توجہ ہی نہیں یعنی میں کسی سواری کا مستحق ہی نہیں۔ میں نے دل میں کہا۔ اچھا مرزا یوں ہی سہی، دیکھو تو میں کیا کرتا ہوں۔

میں نے اپنے دانت بھیچ کر لئے اور کرسی کے بازو پر سے جھک کر مرزا کے قریب پہنچ گیا۔ مرزا صاحب نے بھی سر میری طرف موڑا، میں مسکرا دیا، لیکن میرے تبسم میں زہر ملا ہوا تھا، جب مرزا سننے کے لئے بالکل تیار ہو گیا تو میں نے چبا چبا کر کہا۔

''مرزا صاحب، میں ایک موٹر خریدنے لگا ہوں''۔

یہ کہہ کر میں بڑے استغنا کے ساتھ دوسری طرف دیکھنے لگا۔

مرزا بولے

''کیا کہا تم نے؟ کیا خریدنے لگے ہو؟''

میں نے کہا۔ سنا نہیں تم نے۔ میں ایک موٹر کار خریدنے لگا ہوں، موٹر کار ایک ایسی گاڑی ہے جس کو بعض لوگ موٹر کہتے ہیں۔ بعض لوگ کار کہتے ہیں، لیکن چونکہ تم ضرورت سے زیادہ توہین ہو اس لئے میں نے دونوں لفظ استعمال کر دیئے تاکہ تمہیں سمجھنے میں کوئی دقت پیش نہ آئے۔

مرزا بولے

''ہوں''

اب کے مرزا نہیں، میں بے پروائی سے سگریٹ پینے لگا۔ بھنویں میں نے اوپر کو چڑھالیں، پھر سگریٹ والا ہاتھ منہ تک اس انداز سے لاتا اور لے جاتا کہ بڑے بڑے ایکٹر اس پر رشک کریں۔

تھوڑی دیر کے بعد مرزا بولے۔ ''ہوں''

میں نے سوچا اثر ہو رہا ہے، مرزا پر رعب پڑ رہا ہے... میں چاہتا ہوں کہ مرزا کچھ بولے تاکہ مجھے معلوم ہو کہ کہاں تک مرعوب ہوا ہے لیکن مرزا نے پھر کہا۔

''ہوں''

میں نے کہا۔'' مرزا جہاں تک مجھے معلوم ہے تم نے اسکول اور کالج اور گھر میں دو تین زبانیں سیکھی ہیں اور ان کے علاوہ تمہیں کئی ایسے الفاظ بھی آتے ہیں جو کسی سکول اور کالج یا شریف گھرانے میں نہیں بولے جاتے، پھر بھی اس وقت تمہارا کلام ''ہوں'' سے آگے نہیں بڑھتا۔ تم جلتے ہو مرزا۔ اس وقت تمہاری جو ذہنی کیفیت ہے اس کو عربی زبان میں حسد کہتے ہیں۔

مرزا صاحب کہنے لگے'' نہیں یہ بات تو نہیں، میں تو صرف خریدنے کے لفظ پر غور کر رہا ہوں، تم نے کہا میں ایک موٹر کار خریدنے لگا ہوں، تو میاں خریدنا تو ایک ایسا فعل ہے کہ اس کے لئے روپے وغیرہ کی ضرورت ہوتی ہے،'' وغیرہ'' کا بندوبست تو بخوبی ہو جائے گا لیکن روپے کا بندوبست کیسے کرو گے؟

یہ نکتہ نہ سوجھا تھا، لیکن میں نے ہمت نہ ہاری میں نے کہا۔

''میں اپنی کئی قیمتی اشیاء بیچ سکتا ہوں''

مرزا بولے'' کون کونسی مثلاً''

میں نے کہا۔'' ایک تو میں اپنا سگریٹ کیس بیچ ڈالوں گا''۔

مرزا کہنے لگے۔ چلو دس آنے تو یہ ہو گئے باقی ڈھائی تین ہزار کا انتظام بھی اسی طرح ہو جائے تو سب ٹھیک ہو جائے گا۔

اس کے بعد ضروری یہی معلوم ہوا کہ گفتگو کا سلسلہ کچھ دیر کے لئے روک دیا جائے چنانچہ میں مرزا سے بیزار ہو کر خاموش رہا۔ یہ بات سمجھ میں نہ آئی کہ لوگ روپیہ کہاں سے لاتے ہیں؟ بہت سوچا اور آخر اس نتیجے پر پہنچا کہ لوگ چوری کرتے ہیں...... اس سے ایک گونہ اطمینان ہوا۔

مرزا بولے۔

''تمھیں ایک ترکیب بتاؤں......ایک بائیسکل لے لو''۔

میں نے کہا'' وہ روپے کا مسئلہ تو پھر بھی جوں کا توں رہا''

کہنے لگے'' مفت''

میں نے حیران ہو کر پوچھا'' مفت''......وہ کیسے؟

کہنے لگے مفت ہی سمجھو......آخر دوست سے قیمت لینا بھی کہاں کی شرافت ہے، البتہ تم احسان قبول کرنا گوارا نہ کرو تو اور بات ہے۔

ایسے موقع پر جو ہنسی میں ہنستا ہوں اس میں معصوم بچے کی مسرت کی جوانی کی خوشدلی، اچھلتے فواروں کی موسیقی اور بلبلوں کا نغمہ، سب ایک دوسرے کے ساتھ ملے ہوئے ہوتے ہیں۔ چنانچہ میں یہ ہنسی ہنسا اور اس طرح ہنسا کہ کھلی ہوئی باچھیں گھنٹوں تک اپنی جگہ پر واپس نہ آئیں۔ چنانچہ جب مجھے یقین ہو گیا کہ یک لخت کوئی خوشخبری سننے سے دل کی حرکت بند ہو جانے کا جو خطرہ پیدا ہوتا ہے اس سے محفوظ ہوں تو میں نے پوچھا۔

'' ہے کس کی......؟''

مرزا بولے میرے پاس ایک بائیسکل پڑی ہے وہ تم لے لو۔

میں نے کہا۔'' پھر کہنا......پھر کہنا''

کہنے لگے'' بھئی ایک بائیسکل میرے پاس ہے، جب میری ہے تو تمہاری ہے تم لے لو''۔

یقین مانئے مجھ پر گھڑوں پانی پڑ گیا۔ شرم کے مارے پسینہ پسینہ ہو گیا چودھویں صدی میں ایسی بے غرضی اور ایثار بھلا دیکھنے میں کہاں آتا ہے، میں نے کرسی سرکا کر مرزا کے پاس کر لی۔ سمجھ میں نہ آیا کہ اپنی ندامت اور ممنونیت کا اظہار کن الفاظ میں کروں۔

میں نے کہا۔ مرزا صاحب سب سے پہلے تو میں اس گستاخی اور درشتی اور بے ادبی کی معافی مانگتا ہوں جو ابھی ابھی میں نے تمہارے ساتھ گفتگو میں روا رکھی، دوسرے میں آج تمہارے سامنے ایک اعتراف کرنا چاہتا ہوں اور امید کرتا ہوں کہ تم میری صاف گوئی کی داد دو گے اور مجھے اپنی رحم دلی کے صدقے میں معاف کر دو گے۔ میں ہمیشہ تم کو ازحد کمینہ مسکین، خود غرض، اور عیار انسان سمجھتا رہا ہوں۔ دیکھو ناراض مت ہو۔ انسان سے غلطی ہو ہی جاتی ہے، لیکن آج تم نے اپنی شرافت اور دوست پروری کا ثبوت دیا ہے اور مجھ پر ثابت کر دیا ہے کہ میں کتنا قابلِ نفرت، تنگ خیال اور حقیر شخص ہوں، مجھے معاف کر دو''۔

میری آنکھوں میں آنسو بھر آئے، قریب تھا کہ میں مرزا کے ہاتھ کو بوسہ دیتا اور اپنے آنسوؤں کو چھپانے کے لئے اس کی گود میں سر رکھ دیتا، لیکن مرزا صاحب کہنے لگے۔

''واہ اس میں فیاضی کیا ہوتی۔ میرے پاس ایک بائیسکل ہے، جیسے میں سوار ہوا ویسے تم سواد ہوئے''۔

میں نے کہا۔ ''مرزا مفت نہ لوں گا۔ یہ ہرگز نہیں ہوسکتا''۔

مرزا کہنے لگے ''بس اسی بات سے ڈرتا ہوں، تم حساس اتنے ہو کہ کسی کا احسان لینا گوارا نہیں کرتے...... حالانکہ خدا گواہ ہے...... احسان اس میں کوئی نہیں......''۔

میں نے کہا...... خیر کچھ بھی سہی، تم سچ سچ مجھے اس کی قیمت بتا دو۔

مرزا بولے ''قیمت کا ذکر کر کے گویا تم مجھے کانٹوں میں گھسیٹتے ہو اور جس قیمت پر میں نے خریدی تھی، وہ تو بہت زیادہ تھی، اور اب تو وہ اتنے کی...... رہی نہیں۔

میں نے پوچھا ''تم نے کتنے میں خریدی تھی؟''

کہنے لگے۔ میں نے پونے دو سو روپے میں خریدی تھی، لیکن اس زمانے میں

بائیسکلوں کا رواج ذرا کم تھا، اس لئے قیمتیں ذرا زیادہ تھیں۔

میں نے کہا۔ ''کیا بہت پرانی ہے؟''

بولے ''نہیں ایسی پرانی بھی کیا ہوگی، میرا لڑکا اس پر کالج جایا کرتا تھا اور اسے کالج چھوڑے ابھی دو سال بھی نہیں ہوئے، لیکن اتنا ضرور ہے کہ آج کل کی بائیسکلوں سے ذرا مختلف ہے۔ آج کل تو بائیسکلیں ٹین کی بنتی ہیں جنہیں کالج کے سر پھرے لونڈے سستی سمجھ کر خرید لیتے ہیں، پرانی بائیسکلوں کے ڈھانچے مضبوط ہوا کرتے تھے۔

''مگر مرزا، پونے دو سو روپے تو میں ہرگز نہیں دے سکتا۔ اتنے روپے میرے پاس کہاں سے آئے میں تو اس کی آدھی قیمت بھی نہیں دے سکتا''۔

مرزا کہنے لگے ''تو میں تم سے قیمت تھوڑا ہی مانگتا ہوں...... اوّل تو قیمت لینا نہیں چاہتا......لیکن......''

میں نے کہا۔ نا مرزا قیمت تو تمہیں لینی پڑے گی...... اچھا تم یوں کرو۔ میں تمہاری جیب میں کچھ روپے ڈالے دیتا ہوں...... تم گھر جا کر گن لینا...... اگر تمہیں منظور ہوئے تو کل بائیسکل بھیج دینا...... ورنہ روپے واپس کر دینا...... اب یہاں بیٹھ کر میں تم سے سودا کروں...... یہ تو کچھ دوکانداری کی سی بات معلوم ہوتی ہے''۔

مرزا بولے۔ ''بھئی جیسے تمہاری مرضی، میں تو اب بھی یہی کہتا ہوں کہ قیمت ویسے جانے دو، لیکن میں جانتا ہوں تم نہ مانو گے''۔

میں اٹھ کر اندر کمرے میں آیا...... میں نے سوچا استعمال شدہ چیزوں کی قیمت لوگ آدھی دیتے ہیں...... لیکن جب میں نے مرزا سے کہا تھا کہ مرزا میں آدھی قیمت بھی نہیں دے سکتا...... تو مرزا اس پر معترض نہ ہوا تھا وہ تو بیچارہ بالکل یہی کہتا تھا کہ تم مفت ہی لے لو۔ لیکن میں کیسے لے لوں۔ آخر بائیسکل ہے ایک سواری ہے، گھوڑوں اور موٹروں اور تانگوں کے زمرے میں شمار ہوتی ہے۔ بکس کھولا تو معلوم ہوا کہ ہست و بود

کل چھیالیس روپے ہیں، چھیالیس روپے تو کچھ ٹھیک رقم نہیں، پینتالیس یا پچاس ہوں تب بھی بات ہے، پچاس تو ہو نہیں سکتے، اگر پینتالیس ہی دینے ہیں تو چالیس کیوں نہ دیئے جائیں جن رقموں کے آگے صفر آتا ہے وہ رقمیں کچھ زیادہ معلوم ہوتی ہیں۔ بس ٹھیک ہے چالیس روپے دے دوں گا۔

خدا کرے مرزا قبول کرلے۔

باہر آیا، چالیس روپے مٹھی میں بند کر کے مرزا کی جیب میں ڈال دیئے اور کہا ''مرزا اس کو قیمت نہ سمجھنا، لیکن ایک مفلس دوست کی حقیر سی رقم منظور کرنا تمہیں اپنی توہین معلوم نہ ہو تو بائیسکل بھجوا دینا۔

مرزا چلنے لگے تو میں نے پھر کہا مرزا کل صبح ہی صبح بھجوا دینا۔ رخصت ہونے سے پہلے میں نے ایک دفعہ پھر کہا۔

''کل صبح آٹھ نو بجے تک پہنچ جائے...... دیر نہ کرنا...... خدا حافظ...... اور دیکھو مرزا میرے تھوڑے سے روپوں کو زیادہ سمجھنا...... خدا حافظ...... اور تمہارا بہت بہت شکریہ...... میں تمہارا بہت ممنون ہوں...... اور میری گستاخی کو معاف کر دینا دیکھو نا! کبھی کبھی یونہی بے تکلفی میں...... کل صبح آٹھ، نو بجے تک...... ضرور...... خدا حافظ''۔

''مرزا کہنے لگے''۔ ذرا اسے جھاڑ پونچھ لینا...... اور تیل وغیرہ ڈال دینا۔ میرے نوکر کو فرصت ہوئی تو میں خود ہی ڈلوا دوں گا...... ورنہ تم خود ڈال لینا''۔

میں نے کہا'' ہاں، ہاں وہ سب کچھ ہو جائے گا تم کل ضرور بھیج دینا اور دیکھنا آٹھ بجے یا ساڑھے آٹھ بجے تک پہنچ جائے...... اچھا خدا حافظ۔

رات کو بستر پر لیٹا تو بائیسکل پر سیر کرنے کے مختلف پروگرام تجویز کرتا رہا، یہ ارادہ تو پختہ کرلیا کہ دو تین دن کے اندر اردگرد کی تمام مشہور تاریخی عمارات اور کھنڈرات کو نئے سرے سے دیکھ ڈالوں گا۔ اس کے بعد اگلے گرمی کے موسم میں ہوسکا

تو بائیسکل پر کشمیر وغیرہ کی سیر کروں گا۔ صبح صبح ہوا خوری کے لئے ہر روز نہر تک جایا کروں گا اور شام کو ٹھنڈی سڑک پر جہاں اور لوگ سیر کو نکلیں گے، میں سڑک کی صاف شفاف سطح پر ہلکے ہلکے خاموشی کے ساتھ ہاتھی دانت کی ایک گیند کی طرح گزر جاؤں گا، ڈوبتے ہوئے آفتاب کی روشنی جب بائیسکل کے چمکیلے حصوں پر پڑے گی تو بائیسکل جگمگا اٹھے گی اور ایسا معلوم ہوگا کہ جیسے ایک راج ہنس زمین کے ساتھ اُڑ رہا ہو، وہ مسکراہٹ جس کا ذکر کر چکا ہوں، ابھی تک میرے ہونٹوں پر کھیل رہی تھی، بار ہا دل چاہا کہ بھاگ کر جاؤں اور مرزا کو گلے سے لگا لوں۔ رات کو خواب میں دعائیں مانگتا رہا کہ خدایا مرزا بائیسکل دینے پر رضامند ہو جائے صبح اٹھا تو اٹھتے ہی نوکر نے یہ خوشخبری سنائی کہ حضور وہ بائیسکل آ گئی ہے۔

میں نے کہا۔ ''اتنے سویرے؟''

نوکر نے کہا۔ ''وہ تو رات ہی آ گئی تھی، آپ سو گئے تھے، میں نے جگانا مناسب نہ سمجھا اور ساتھ ہی مرزا کا آدمی ڈبریاں کسنے کا ایک اوزار بھی دے گیا ہے۔

میں حیران ہوا کہ مرزا صاحب نے بائیسکل بھجوانے میں اتنی عجلت کیوں کی لیکن اس نتیجے پر پہنچا کہ آدمی نہایت شریف اور دیانت دار ہیں۔ روپے لے چکے تو سائیکل کیوں روک رکھتے۔

نوکر سے کہا ''دیکھو یہ اوزار یہیں چھوڑ جاؤ اور دیکھو، بائیسکل کو کسی کپڑے سے خوب اچھی طرح جھاڑ دو اور یہ موڑ پر جو بائیسکل والا بیٹھا ہے اس سے جا کر بائیسکل میں ڈالنے کا تیل لے آؤ۔ اور دیکھو'' ابے بھاگا کہاں جاتا ہے ہم ضروری تم سے کہہ رہے ہیں۔ بائیسکل والے سے تیل کی کپی لے آنا اور جہاں جہاں تیل دینے کی ضرورت ہو وہاں تیل دے دینا اور بائیسکل والے سے کہنا کہ کوئی گھٹیا سا تیل نہ دے دے، جس سے تمام پرزے خراب ہو جائیں۔ بائیسکل کے پرزے بڑے نازک ہوتے ہیں، اور

بائیسکل باہر نکال رکھو ہم ابھی کپڑے پہن کر آتے ہیں۔ ذرا جلدی جلدی چائے پی، غسل خانے میں بڑے جوش وخروش کے ساتھ '' چل چل چنبیلی باغ میں '' گاتا رہا۔ اس کے بعد کپڑے بدلے، اوزار کو جیب میں ڈالا اور کمرے سے باہر نکلا۔ برآمدے میں آیا تو دیکھا کہ ایک عجیب وغریب مشین پڑی ہے، ٹھیک طرح پہچان نہ سکا کہ کیا چیز ہے، نوکر سے دریافت کیا '' کیوں بے یہ کیا چیز ہے؟ ''

نوکر بولا۔ '' حضور یہ بائیسکل ہے ''۔

میں نے کہا بائیسکل؟ کس کی بائیسکل؟

کہنے لگا مرزا صاحب نے آپ کے لئے بھجوائی ہے۔

میں نے کہا اور جو سائیکل رات کو انہوں نے بھجوائی تھی وہ کہاں گئی؟

کہنے لگا '' یہی تو ہے ''۔

میں نے کہا۔ '' کیا بکتا ہے جو بائیسکل مرزا صاحب نے کل رات کو بھیجی تھی، وہ بائیسکل یہی ہے؟

کہنے لگا '' جی ہاں ... ''۔

میں نے کہا۔ '' اچھا '' پھر اسے دیکھنے لگا۔

'' اس کو صاف کیوں نہیں کیا ''

'' حضور دو تین دفعہ صاف کیا ہے ''۔

'' تو یہ میلی کیوں ہے؟ ''

نوکر نے اس کا جواب دینا شاید مناسب خیال نہ کیا۔

'' اور تیل لایا؟ ''

'' ہاں حضور لایا ہوں ''

دیا؟

''حضور وہ تیل دینے کے چھید ہوتے ہیں نا وہ نہیں ملتے''

''کیا مطلب...؟''

''حضور دھروں میں رنگ جما ہے، وہ سوراخ کہیں بیچ میں دب دبا گئے ہیں''۔

رفتہ رفتہ میں اس چیز کے قریب آیا جس کو میرا نوکر بائیسکل بتا رہا تھا۔ اس کے مختلف پرزوں پر غور کیا تو اتنا ثابت ہو گیا کہ بائیسکل ہے۔ لیکن مجمل ہیئت سے یہ صاف ظاہر تھا کہ ہل، رہٹ اور چرخہ اسی طرح کی جدید ایجادات، سے پہلے کی بنی ہوئی ہے پھر پہیے کو گھما گھما کر سوراخ کیا جہاں کسی زمانے میں تیل دیا جاتا تھا، لیکن اب سوراخ میں سلسلہ آمد و رفت بند تھا، چنانچہ نوکر بولا۔

''حضور وہ تیل تو سب اِدھر اُدھر بہہ جاتا ہے، بیچ میں جاتا ہی نہیں''

میں نے کہا۔ ''اچھا اوپر ہی ڈال دو، یہ بھی مفید ہوتا ہے''۔

آخر کار بائیسکل پر سوار ہوا، پہلا ہی پاؤں چلایا تو معلوم ہوا کہ جیسے کوئی مردہ ہڈیاں چٹخا چٹخا کر اپنی مرضی کے خلاف زندہ ہو رہا ہو۔ ... گھر سے نکلتے ہی کچھ تھوڑی سی اترائی تھی، اس پر بائیسکل خود بخود چلنے لگی لیکن اس رفتار سے کہ جیسے تارکول زمین پر بہتا ہے اور ساتھ ہی مختلف حصوں سے طرح طرح کی آوازیں برآمد ہونا شروع ہوئیں ان آوازوں کے مختلف گروہ تھے۔ چیں چاں، چوں کی آوازیں زیادہ تر گدی کے نیچے اور پیچھے پہیوں سے نکلتی تھیں...... کھٹ، کھڑ، کھڑڑ کھڑڑ کے قبیلے کی آوازیں مڈگارڈوں سے آتی تھیں۔ چر، چرخ قسم کے سُر زنجیر اور پیڈل سے نکلتے تھے، زنجیر ڈھیلی ڈھیلی تھی۔ جب کبھی میں پیڈل پر زور ڈالتا تھا۔ زنجیر میں ایک انگڑائی سی پیدا ہو جاتی تھی جس سے وہ تن جاتی تھی اور چڑچڑا کر بولنے لگتی تھی اور پھر ڈھیلی ہو جاتی تھی۔ پہلا پہیہ گھومنے کے علاوہ جھومتا تھا، یعنی ایک تو آگے چلتا تھا اور اس کے علاوہ دائیں سے بائیں اور بائیں سے دائیں کو بھی حرکت کرتا تھا، چنانچہ سڑک پر جو بھی نشان بن جاتا تھا

اس کو دیکھ کر ایسا معلوم ہوتا تھا جیسے کوئی مخمور سانپ لہرا کر نکل گیا ہے۔

مڈگارڈ تھے تو سہی، لیکن پہیوں کے عین اوپر نہ تھے، ان کا فائدہ صرف یہ ہوتا تھا کہ انسان شمال کی سمت سیر کو نکلے اور آفتاب مغرب میں غروب ہو رہا ہو تو مڈگارڈوں کی بدولت دھوپ سے بچے رہیں گے۔

اگلے پہیے کے ٹائر میں ایک بڑا سا پیوند لگا تھا، جس کی وجہ سے پہیہ ہر چکر میں ایک دفعہ اوپر کو اٹھ جاتا تھا اور میرا سر یوں جھٹکے کھا رہا تھا جیسے کوئی متواتر ٹھوڑی کے نیچے مکے مارے جا رہا ہو۔ پچھلے اور اگلے پہیے کو ملا کر چوں چوں پھٹ پھٹ چوں چوں کی صدا نکل رہی تھی۔ جب اُتار پر سائیکل ذرا تیز ہوئی تو فضا میں ایک بھونچال سا آگیا اور بائیسکل کے کئی پرزے جو اب تک سو رہے تھے بیدار ہو کر گویا ہوئے۔ اِدھر اُدھر کے لوگ چونکے، ماؤں نے اپنے بچوں کو سینوں سے لگا لیا۔ کھڑ کھڑ کے بیچ میں پہیوں کی آواز جدا سنائی دے رہی تھی۔ لیکن چونکہ بائیسکل اب پہلے سے تیز تھی، اس لئے چوں چوں، پھٹ پھٹ، چوں چوں پھٹ پھٹ کی آواز نے اب چچوں پھٹ چچوں پھٹ کی صورت اختیار کر لی۔ تمام بائیسکل کسی ادق افریقی زبان کی گردانیں دہرا رہی تھی۔

اس قدر تیز رفتاری کی بائیسکل کی طبع نازک پر گراں گزری، چنانچہ اس میں یک لخت دو تبدیلیاں واقع ہو گئیں، ایک تو ہینڈل ایک طرف کو مڑ گیا جس کا نتیجہ یہ ہوا کہ میں جاتا تو سامنے تھا لیکن میرا تمام جسم دائیں طرف کو مڑا ہوا تھا اس کے علاوہ بائیسکل کی گدی دفعتاً چھ انچ کے قریب بیٹھ گئی۔ چنانچہ جب پیڈل چلانے کے لئے ٹانگیں نیچے اوپر کر رہا تھا تو میرے گھٹنے ٹھوڑی تک پہنچ جاتے تھے۔ کمر دوہری ہو کر باہر کو نکلی ہوئی تھی اور ساتھ ہی اگلے پہیوں کی اٹھکیلیوں کی وجہ سے سر برابر جھٹکے کھا رہا تھا۔

گدی کا نیچا ہونا از حد تکلیف دہ ثابت ہوا۔ اس لئے میں نے مناسب یہی سمجھا

کہ اس کو ٹھیک کر لوں، چنانچہ میں نے بائیسکل کو ٹھہرالیا اور نیچے اُترا۔ بائیسکل کے ٹھہر جانے سے یک لخت جیسے دنیا میں خاموشی سی چھا گئی۔ ایسا معلوم ہوتا جیسے کسی ریل کے اسٹیشن سے باہر نکل آیا ہوں، جیب کے اندر سے میں نے اوزار نکالا، گدی کو اونچا کیا اور کچھ ہینڈل کو ٹھیک کیا اور دوبارہ سوار ہو گیا۔

دس قدم بھی نہ چلنے پایا تھا کہ ہینڈل یک لخت نیچے ہو گیا، اتنا کہ گدی اب ہینڈل سے فٹ بھر اونچی تھی۔ میرا تمام جسم آگے کو جھکا ہوا تھا۔ تمام بوجھ دونوں ہاتھوں پر تھا جو ہینڈل پر رکھے ہوئے برابر جھٹکے کھا رہے تھے۔ آپ میری حالت کو تصور کریں تو آپ کو معلوم ہوگا کہ میں دور سے ایسا معلوم ہو رہا تھا جیسے کوئی عورت آٹا گوندھ رہی ہو، مجھے اس مشابہت کا احساس بہت تیز تھا، جس کی وجہ سے میرے ماتھے پر پسینہ آ گیا۔ میں دائیں؟ بائیں لوگوں کو کنکھیوں سے دیکھتا جاتا تھا، یوں تو ہر شخص میل بھر پہلے ہی مڑ کر دیکھنے لگتا تھا، لیکن ان میں کوئی بھی ایسا نہ تھا جس کے لیے میری حالت ضیافت طبع کا باعث نہ ہو، ہینڈل تو نیچا ہو ہی گیا تھا، ایک لڑکے نے کہا "دیکھو یہ آدمی کیا کر رہا ہے"۔ گویا اس بدتمیز کے نزدیک میں کوئی کرتب دکھا رہا تھا۔ میں نے اُتر کر پھر ہینڈل کو اور گدی کو اونچا کیا۔

جب دو میل گزر گئے اور بائیسکل کی اُٹھک بیٹھک نے ایک مقررہ باقاعدگی اختیار کر لی تو فیصلہ کیا کہ کسی مستری سے پیچ کسوا لینے چاہئیں، چنانچہ بائیسکل کو ایک دکان پر لے گیا۔

بائیسکل کی کھڑ کھڑ سے جتنے لوگ کام کر رہے تھے، سب کے سب سر اٹھا کر میری طرف دیکھنے لگے، لیکن میں نے جی کڑا کر کے کہا "ذرا اس کی مرمت کر دیجئے"

ایک مستری آگے بڑھا، لوہے کی ایک سلاخ اس کے ہاتھ میں تھی جس سے اس نے مختلف حصوں کو ٹھوک بجا کر دیکھا، معلوم ہوتا تھا، اس نے بڑی تیزی سے حالات کا

جائزہ لگایا لیکن پھر بھی مجھ سے پوچھنے لگا۔ ''کس کس پرزے کی مرمت کرائیے گا''۔

میں نے کہا ''بڑے گستاخ ہو تم، دیکھتے ہو کہ صرف ہینڈل اور گدی کو اونچا کروا کے کسوانا ہے، بس اور کیا؟ ان کو مہربانی کر کے فوراً ٹھیک کر دو، اور بتاؤ کتنے پیسے ہوئے''۔

مستری کہنے لگا۔ مڈگارڈ بھی ٹھیک کر دوں؟''

میں نے کہا۔ ''ہاں وہ بھی ٹھیک کر دو''۔

کہنے لگا اگر باقی چیزیں بھی ٹھیک کر والو تو اچھا ہو؟''

میں نے کہا ''اچھا کر دو''

بولا۔ ''یوں تھوڑا ہی ہو سکتا ہے دس پندرہ دن کا کام ہے آپ اسے ہمارے پاس چھوڑ جایئے......''۔

اور پیسے کتنے ہوں گے؟

کہنے لگا ''بس تیس چالیس روپے لیں گے''۔

میں نے کہا۔ ''بس ہو چکا جو کام تم سے کہا ہے وہ کرو اور باقی ہمارے معاملات میں دخل مت دو۔

تھوڑی دیر میں ہینڈل اور گدی پھر اونچی کر کے کس دی گئی، میں چلنے لگا تو مستری نے کہا، ''میں نے کس تو دیا ہے لیکن پیچ سب گھسے ہوئے ہیں، ابھی تھوڑی دیر میں سب ڈھیلے پڑ جائیں گے۔

میں نے کہا، بدتمیز کہیں کا، دو آنے مفت میں لے لئے؟

بولا ''جناب آپ کو یہ بائیسکل بھی تو مفت میں ملی ہو گی، یہ آپ کے دوست مرزا صاحب کی ہے نا؟'' للو یہ وہ سائیکل ہے جو پچھلے سال مرزا صاحب یہاں بیچنے کو لائے تھے، پہچانی تم نے؟ بھئی صدیاں گزر گئیں لیکن ان کی بائیسکل کی خطا معاف ہونے میں

نہیں آئی۔

میں نے کہا ''ہاں وہ تو ٹھیک ہے لیکن مرزا صاحب خود جب کالج میں پڑھتے تھے تو ان کے پاس بھی تو یہی سائیکل تھی۔

میری طبیعت یہ سن کر کچھ مردہ سی ہوگئی۔ میں بائیسکل کو ساتھ لئے آہستہ آہستہ پیدل چل پڑا، لیکن پیدل چلنا بھی مشکل تھا، اس بائیسکل کے چلانے میں ایسے ایسے پٹھوں پر زور پڑتا تھا جو عام بائیسکلوں کے چلانے میں استعمال نہیں ہوتے اس لئے ٹانگوں، کندھوں، کمر اور بازوؤں میں اس قدر درد ہورہا تھا جو برداشت کے قابل نہ تھا۔ مرزا کا خیال رہ رہ کر آتا تھا، لیکن میں ہر بار کوشش کر کے اس کو دل سے ہٹا دیتا تھا ورنہ میں پاگل ہوجاتا، اور جنون کی حالت میں پہلی حرکت مجھ سے یہ سرزد ہوتی کہ مرزا کے! مکان کے سامنے بازار میں ایک جلسہ منعقد کرتا جس میں مرزا کی مکاری، بے ایمانی اور دغا بازی پر ایک طویل تقریر کرتا، کل بنی نوع انسان اور آئندہ آنے والی نسلوں کو مرزا کی ناپاک فطرت سے آگاہ کر دیتا اور اس کے بعد چتا جلا کر اس میں زندہ جل کر مر جاتا۔

میں نے بہتر یہی سمجھا کہ جس طرح ہو سکے اب اس بائیسکل کو اونے پونے بیچ کر جو وصول ہو اسی پر صبر و شکر کروں، بلا سے دس پندرہ روپے کا خسارہ ہی سہی، چالیس کے چالیس روپے تو ضائع نہ ہوں گے۔ راستے میں بائیسکلوں کی ایک دکان دیکھی۔ وہاں ٹھہر گیا۔

دکاندار بڑھ کر میرے پاس آیا، لیکن میری زبان کو جیسے قفل لگ گیا تھا، عمر بھر کسی چیز کے بیچنے کی نوبت نہ آئی تھی، مجھے یہ بھی معلوم نہیں کہ ایسے موقع پر کیا کہتے ہیں۔ آخر بڑے سوچ بچار کے بعد اور بڑے تامل کے بعد منہ سے صرف اتنا نکلا کہ ''یہ بائیسکل ہے''۔

دکاندار کہنے لگا'' پھر؟''

میں نے کہا۔''لو گے؟''

کہنے لگا۔'' کیا مطلب؟''

میں نے کہا'' بیچتے ہیں ہم''۔

دکاندار نے مجھے ایسی نظروں سے دیکھا کہ مجھے یہ محسوس ہوا جیسے مجھ پر چوری کا شبہ کر رہا ہے۔ پھر بائیسکل کو دیکھا ..... پھر مجھے دیکھا..... پھر بائیسکل کو دیکھا۔ ایسا معلوم ہوتا تھا کہ فیصلہ نہیں کر سکتا، آدمی کونسا ہے اور بائیسکل کونسی ہے آخرکار بولا۔

'' کیا کریں گے آپ اس کا بیچ کر.....؟''

ایسے سوالات کا جواب خدا ب نے کیا ہوتا ہے میں نے کہا۔'' کیا تم یہ پوچھنا چاہتے ہو کہ جو روپے مجھے وصول ہوں گے ان کا مصرف کیا ہوگا؟''

کہنے لگا'' وہ تو ٹھیک ہے، مگر کوئی اس کو لے کر کیا کرے گا؟''

میں نے کہا اس پر چڑھے گا اور کیا کرے گا۔

کہنے گا..... ''اچھا چڑھ گیا پھر.....؟''

میں نے کہا۔'' پھر کیا؟ پھر چلائے گا اور کیا؟''

دکاندار بولا۔'' اچھا، ہوں.....'' خدا بخش ذرا یہاں آنا، یہ بائیسکل بکنے آئی ہے۔

جن حضرت کا نام خدا بخش تھا، انہوں نے دور ہی سے دیکھا۔'' جیسے بُو سونگھ رہے ہوں.....''۔

اس کے بعد دونوں نے آپس میں مشورہ کیا، آخر میں جن کا نام خدا بخش نہیں تھا میرے پاس آئے اور کہنے لگے'' آپ سچ مچ بیچ رہے ہیں؟''

میں نے کہا تو اور کیا، محض آپ سے ہم کلام ہونے کا فخر حاصل کرنے کے لئے

میں گھر سے یہ بہانہ کرنے لایا تھا؟''

کہنے لگا تو کیا لیں گے آپ؟

میں نے کہا ''تمہیں بتاؤ؟''

کہنے لگا ''سچ مچ بتاؤں؟''

میں نے کہا ''ہاں''

پھر کہنے لگا۔ ''سچ مچ بتاؤں؟''

میں نے کہا۔ ''اب بتاؤ گے بھی یا یوں ہی ترساتے رہو گے؟''

کہنے لگا ''تین روپے دوں گا اس کے''

میرا خون کھول اٹھا، اور میرے ہاتھ پاؤں اور ہونٹ غصے کے مارے کانپنے لگے۔ میں نے کہا۔

''او صنعت وحرفت سے پیٹ پالنے والے نچلے طبقے کے انسان! مجھے اپنی توہین کی پرواہ نہیں، لیکن تو نے اپنی بیہودہ گفتاری سے اس بے زبان چیز کو جو صدمہ پہنچایا ہے اس کے لئے میں تجھے قیامت تک معاف نہیں کر سکتا''۔ یہ کہہ کر میں بائیسکل پر سوار ہو گیا اور اندھا دھند پاؤں چلانے لگا۔

مشکل سے بیس قدم گیا ہوں گا مجھے ایسا معلوم ہوا کہ میں زمین پر جیسے زمین کے بیچ میں سے گزر گیا اور ادھر ادھر کی عمارتوں نے ایک دوسرے کے ساتھ اپنی جگہ بدل لی ہے۔ جب حواس بجا ہوئے تو معلوم ہوا کہ میں زمین پر اس بے تکلفی سے بیٹھا ہوں گویا بڑی مدت سے مجھے جس بات کا شوق تھا۔ آج پورا ہو گیا، ارد گرد کچھ لوگ جمع تھے جن میں سے اکثر ہنس رہے تھے، سامنے وہ دکان تھی جہاں ابھی ابھی میں نے اپنی ناکام گفت وشنید کا سلسلہ منقطع کیا تھا، میں نے اپنے گردوپیش پر غور کیا تو معلوم ہوا کہ میری بائیسکل کا اگلا پہیہ بالکل الگ ہو کر لڑھکتا ہوا سڑک کے اس پار جا پہنچا ہے اور

باقی سائیکل میرے پاس پڑی رہی۔ میں نے فوراً اپنے آپ کو سنبھالا۔ جو پہیہ الگ ہو گیا تھا اس کو ایک ہاتھ میں اٹھایا دوسرے ہاتھ میں باقی ماندہ سائیکل کو تھاما اور چل کھڑا ہوا۔ یہ محض ایک اضطراری حرکت تھی ورنہ خدشہ تھا وہ بائیسکل مجھے ہرگز اتنی عزیز نہ تھی کہ میں اس کو اس حالت میں ساتھ ساتھ لئے پھرتا۔

جب میں یہ سب کچھ اٹھا کر چل دیا تو میں نے اپنے آپ سے پوچھا کہ ''یہ تم کیا کر رہے ہو؟ کہاں جا رہے ہو؟ تمہارا ارادہ کیا ہے؟ یہ دو پہیے کاہے کو لے جا رہے ہو؟

سب سوالوں کا جواب یہی ملا کہ دیکھا جائے گا فی الحال تم یہاں سے چل دو، یہ سب لوگ تمہیں دیکھ رہے ہیں۔ سر اونچا رکھو اور چلتے جاؤ جو ہنس رہے ہیں، انہیں ہنسنے دو، اس قسم کے بیہودہ لوگ ہر قوم اور ہر ملک میں پائے جاتے ہیں، آخر کیا ہوا؟ محض ایک حادثہ بس دائیں بائیں مت دیکھو، چلتے جاؤ۔

لوگوں کے ناشائستہ کلمات بھی سنائی دے رہے تھے۔ ایک آواز آئی ''بس حضرت غصہ تھوک ڈالئے'' ایک دوسرے صاحب بولے ''بے حیا بائیسکل گھر پہنچ کر تجھے مزہ چکھاؤں گا''۔ ایک بزرگوار اپنے لختِ جگر کی انگلی پکڑے جا رہے تھے، میری طرف اشارہ کر کے کہنے لگے۔ ''دیکھو بیٹا یہ سرکس کی بائیسکل ہے اس کے دونوں پہیے علیحدہ ہوتے ہیں۔

لیکن میں چلتا گیا۔ تھوڑی دیر بعد آبادی سے دور نکل گیا۔ اب میری رفتار میں ایک عزیمت پائی جاتی تھی۔ میرا دل جو کئی گھنٹوں سے ایک کشمکش میں مبتلا تھا۔ پیچ و تاب کھا رہا تھا اور اب بہت ہلکا ہو گیا تھا، میں برابر چلتا گیا حتیٰ کہ ایک دریا پر جا پہنچا۔ پل کے اوپر کھڑے ہو کر میں نے دونوں پہیوں کو ایک ایک کر کے اس بے پروائی کے ساتھ دریا میں پھینک دیا۔ جیسے کوئی لیٹر بکس میں خط ڈالتا ہے اور واپس شہر کو روانہ ہو گیا۔ سب سے پہلے مرزا کے گھر گیا، دروازہ کھٹکھٹایا۔ مرزا بولے ''اندر آ جاؤ''

میں نے کہا آپ ذرا باہر تشریف لائیے، آپ جیسے خدارسیدہ بزرگ کے گھر میں وضو کئے بغیر کیسے داخل ہو سکتا ہوں۔

مرزا صاحب باہر تشریف لائے تو میں نے وہ اوزاران کی خدمت میں پیش کیا جوانہوں نے بائیسکل کے ساتھ ہی مفت مجھ کو عنایت فرمایا تھا اور کہا۔

مرزا صاحب آپ ہی اس اوزار سے شوق فرمایا کیجئے میں اب اس سے بے نیاز ہو چکا ہوں۔ گھر پہنچ کر میں نے پھر علمِ کیمیاء کی اس کتاب کا مطالعہ شروع کیا جو میں نے ایف، اے کے کورس میں پڑھی تھی۔

پطرس بخاری

لاہور کا جغرافیہ

تمہید: تمہید کے طور پر صرف اتنا عرض کرنا چاہتا ہوں کہ لاہور کو دریافت ہوئے اب بہت عرصہ گزر چکا ہے، اس لئے دلائل و براہین سے اس کے وجود کو ثابت کرنے کی ضرورت نہیں۔ یہ کہنے کی اب ضرورت نہیں کہ کرے کو دائیں سے گھمائیے، حتیٰ کہ ہندوستان کا ملک آپ کے سامنے آ کر ٹھہر جائے پھر فلاں طول البلد، عرض البلد کے مقام انقطاع پر لاہور کا نام تلاش کیجئے۔ جہاں یہ نام کرۂ پر موقوف ہو، وہی لاہور کا محلِ وقوع ہے۔ اس تحقیقات کو مختصر مگر جامع الفاظ میں بزرگ یوں بیان کرتے ہیں کہ لاہور، لاہور ہی ہے۔ اگر اس پتہ سے آپ کو لاہور نہیں مل سکتا تو آپ کی تعلیم ناقص اور آپ کی ذہانت فاتر ہے۔

محلِ وقوع: ایک دو غلطیاں البتہ ضرور رفع کرنا چاہتا ہوں، لاہور پنجاب میں واقع ہے، لیکن پنجاب اب پنج آب نہیں رہا۔ اس پانچ دریاؤں کی زمین میں اب صرف ساڑھے چار دریا بہتے ہیں اور جو نصف دریا ہے، وہ تو اب بہنے کے قابل نہیں رہا، اسی کو اصطلاح میں راوی ضعیف کہتے ہیں۔

ملنے کا پتہ یہ ہے کہ شہر کے قریب دو پل بنے ہوئے ہیں۔ ان کے نیچے ریت میں یہ دریا لیٹا رہتا ہے، بہنے کا شغل عرصے سے بند ہے۔ یہ بتانا مشکل ہے۔ اس لئے کہ شہر دریا کے کنارے پر واقع ہے یا بائیں کنارے پر واقع ہے۔

لاہور تک پہنچنے کے لئے کئی راستے ہیں لیکن دو ان میں سے بہت مشہور ہیں، ایک پشاور سے آتا ہے، دوسرا دہلی سے، وسطی ایشیا کے حملہ آور پشاور کے راستے اور یو پی کے حملہ آور دہلی کے راستے وارد ہوتے ہیں۔ اول الذکر اہلِ سیف کہلاتے ہیں اور غزنوی یا غوری تخلص کرتے ہیں اور اس میں یدِ طولیٰ رکھتے ہیں۔

حدود اربعہ: کہا جاتا ہے کہ کسی زمانے میں لاہور کا حدود اربعہ بھی ہوا کرتا تھا، لیکن طلباء کی سہولت کے لئے میونسپلٹی نے اسے منسوخ کر دیا ہے۔ اب لاہور کے چاروں طرف لاہور ہی لاہور واقع ہے اور روز بروز واقع تر ہو رہا ہے۔ ماہرین کا اندازہ ہے کہ دس بیس سال کے اندر اندر لاہور ایک صوبے کا نام ہوگا۔ جس کا دارالخلافہ پنجاب ہوگا، یوں سمجھئے کہ لاہور ایک جسم ہے جس کے ہر حصے پر ورم نمودار ہو رہا ہے، لیکن ہر دم موادِ فاسد سے بھرا ہے، گویا یہ وسیع عارضہ ہے جو اس جسم کو لاحق ہے۔

آب و ہوا: لاہور کی آب و ہوا کے متعلق طرح طرح کی روایات مشہور ہیں جو تقریباً سب غلط ہیں، حقیقت یہ ہے کہ لاہور کے باشندوں نے حال ہی میں یہ خواہش ظاہر کی تھی کہ اور شہروں کی طرح ہمیں بھی آب و ہوا دی جائے، میونسپلٹی بڑی بحث و تمحیص کے بعد اس نتیجے پر پہنچی کہ اس ترقی کے دور میں جبکہ دنیا میں کئی ممالک کو ہوم رول مل رہا ہے اور لوگوں میں بیداری کے آثار پیدا ہو رہے ہیں، اہلِ لاہور کی یہ خواہش ناجائز نہیں بلکہ ہمدردانہ غور و خوض کی مستحق ہے۔

لیکن بدقسمتی سے کمیٹی کے پاس ہوا کی قلت تھی، اس لئے لوگوں کو ہدایت کی گئی کہ مفادِ عامہ کے پیشِ نظر اہلِ شہر ہوا کا بے جا استعمال نہ کریں بلکہ جہاں تک ہو سکے کفایت شعاری سے کام لیں، چنانچہ لاہور میں عام ضروریات کے لئے ہوا کی بجائے گرد اور خاص خاص حالات میں دھواں استعمال کیا جاتا ہے، کمیٹی نے جا بجا دھوئیں اور گرد کے مہیا کرنے کے لئے لاکھوں مرکز کھول دیئے ہیں۔ جہاں یہ مرکبات مفت تقسیم

کیے جاتے ہیں۔ امید کی جاتی ہے کہ اس سے نہایت تسلی بخش نتائج برآمد ہوں گے۔

بہم رسانی آب وہوا کے لئے ایک اسکیم عرصے سے کمیٹی کے زیرِ غور ہے، یہ اسکیم نظام سقے کے وقت سے چلی آتی ہے۔ لیکن مصیبت یہ ہے کہ نظام سقے کے اپنے ہاتھ کے لکھے ہوئے مسودات بعض تو تلف ہو چکے ہیں اور جو باقی ہیں ان کے پڑھنے میں بہت دِقت پیش آ رہی ہے۔ اس لئے ممکن ہے کہ تحقیق و تدقیق میں ابھی چند سال اور لگ جائیں۔ عارضی طور پر پانی کا یہ انتظام کیا گیا ہے کہ فی الحال بارش کے پانی کو حتیٰ الوسع شہر سے باہر نکلنے نہیں دیتے، اس میں کمیٹی کو بہت کامیابی ہوئی ہے۔ امید کی جاتی ہے کہ تھوڑے ہی عرصے میں ہر محلے کا اپنا ایک دریا ہوگا، جس میں رفتہ رفتہ مچھلیاں پیدا ہوں گی اور ہر مچھلی کے پیٹ میں ایک انگوٹھی ہوگی جو رائے دہندگی کے موقع پر ہر رائے دہندہ پہن کر آئے گا۔

نظام سقے کے مسودات سے اس قدر ضرور ثابت ہوا ہے کہ پانی پہنچانے کے لئے ایک نہ ایک دن یہ گیسیں ضرور مل کر پانی بن جائیں گی۔

چنانچہ بعض نلوں میں اب بھی چند قطرے روزانہ ٹپکتے ہیں، اہلِ شہر کو ہدایت کی گئی ہے کہ اپنے اپنے گھڑے نلوں کے نیچے رکھ دیں تاکہ عین وقت پر تاخیر کی وجہ سے کسی کی دل شکنی نہ ہو، شہر کے لوگ اس پر بہت خوشیاں منا رہے ہیں۔

ذرائع آمد و رفت : جو سیاح لاہور تشریف لانے کا ارادہ رکھتے ہیں ان کو یہاں آمد و رفت کے ذرائع کے متعلق چند ضروری باتیں ذہن نشین کر لینی چاہئے تاکہ وہ یہاں کی سیاحت سے کماحقہ، اثر پذیر ہو سکیں۔ '' جو سڑک بل کھاتی ہوئی لاہور کے بازاروں میں سے گزرتی ہے، تاریخی اعتبار سے بہت اہم ہے، یہ وہی سڑک ہے جو شیر شاہ سوری نے بنوائی تھی۔ یہ آثارِ قدیمہ میں شمار ہوتی ہے اور بے حد احترام کی نظروں سے دیکھی جاتی ہے چنانچہ اس میں کسی قسم کا ردّ و بدل گوارہ نہیں کیا جاتا۔ وہ قدیم تاریخی

گڑھے اور خندقیں جوں کی توں موجود ہیں، جنھوں نے کئی سلطنتوں کے تختے الٹ دیئے تھے۔ آج کل بھی کئی لوگوں کے تختے یہاں الٹتے ہیں اور عظمتِ رفتہ کی یاد دلا کر انسان کو عبرت سکھاتے ہیں۔

بعض لوگ زیادہ عبرت پکڑنے کے لئے ان تختوں کے نیچے کہیں کہیں دو ایک پہیے لگا لیتے ہیں اور سامنے دو ہک لگا کر ایک گھوڑا ٹانگ دیتے ہیں۔ اصطلاح میں اس کو تانگہ کہتے ہیں، شوقین لوگ اس پر موم جامہ منڈھ لیتے ہیں، تاکہ پھسلنے میں سہولت ہو اور بہت زیادہ عبرت پکڑی جا سکے۔

اصلی اور خالص گھوڑے لاہور میں خوراک میں کام آتے ہیں، قصابوں کی دکانوں پر انہیں کا گوشت بکتا ہے اور زین کس کر کھایا جاتا ہے۔ تانگوں میں ان کے بجائے بناسپتی گھوڑے استعمال کئے جاتے ہیں، بناسپتی گھوڑے شکل وصورت میں دم دار ستارے سے ملتے ہیں، کیونکہ ان گھوڑوں کی ساخت میں دُم زیادہ اور گھوڑا کم پایا جاتا ہے، حرکت کے وقت اپنی دُم کو دبا لیتا ہے۔ اور ضبطِ نفس سے اپنی رفتار میں ایک سنجیدہ اعتدال پیدا کرتا ہے تاکہ سڑک کا ہر تاریخی گڑھا اور تانگے کا ہر ہچکولہ اپنے نقش پر ثبت کرتا جائے اور آپ کا ہر ایک مقام لطف اندوز ہو سکے۔

قابلِ دید مقامات: لاہور میں قابلِ دید مقامات مشکل سے ملتے ہیں۔ اس کی وجہ یہ ہے کہ لاہور کی ہر عمارت کی بیرونی دیواریں دوہری بنائی جاتی ہیں، پہلے اینٹوں اور چونے سے دیواریں کھڑی کر دی جاتی ہیں، پھر اس پر اشتہاروں کا پلستر کر دیا جاتا ہے، جو دبازت میں رفتہ رفتہ بڑھ جاتا ہے۔ شروع شروع میں چھوٹے سائز کے مبہم اور غیر معروف اشتہارات چپکا دیئے جاتے ہیں، مثلاً ''اہلِ لاہور کو مژدہ'' یا ''اچھا سستا مال'' اس کے بعد ان اشتہاروں کی باری آتی ہے جن کے مخاطب اہلِ علم اور سخن فہم لوگ ہوتے ہیں مثلاً ''گریٹ درزی ہاؤس'' یا ''سٹوڈنٹس کے لئے نادر

موقع'' یا '' کہتی ہے ہم کو خلقِ خدا غائبانہ کیا''۔ رفتہ رفتہ گھر کی چہار دیواری مکمل ڈائریکٹری کی صورت اختیار کر لیتی ہے۔ دروازے کے اوپر بوٹ پالش کا اشتہار دائیں طرف تازہ مکھن ملنے کا پتہ درج ہے، بائیں طرف حافظہ کی گولیوں کا بیان ہے، اس کھڑکی کے اوپر ''انجمنِ خدام ملت'' کے جلسے کا پروگرام ہے۔ اس کھڑکی پر مشہور لیڈر کے خانگی حالات باوضاحت بیان کر دیئے گئے ہیں۔ عقبی دیوار پر سرکس کے تمام جانوروں کی فہرست ہے اور اصطبل کے دروازے پر مس نغمہ جان کی تصویر اور ان کے حالات گنوار کھے ہیں۔ یہ اشتہارات بڑی سرعت سے بدلتے رہتے ہیں اور ہر نیا مژدہ اور ہر نئی دریافت یا ایجاد یا انقلاب نسیم کی ابتلا چشم زدن میں ہر ساکن چیز پر لیپ دی جاتی ہے۔ اسی لئے عمارتوں کی ظاہری صورت ہر لحہ بدلتی رہتی ہے اور ان کو پہچاننے میں خود شہر کے لوگوں کو بڑی دقت پیش آتی ہے۔

لیکن جب سے لاہور میں دستور رائج ہوا ہے کہ بعض بعض اشتہاری کلمات پختہ سیاہی سے خود دیوار پر نقش کر دیئے جاتے یہ دقت بہت حد تک رفع ہو گئی ہے. ان دائمی اشتہاروں کی بدولت اَب یہ خدشہ باقی نہیں رہا کہ کوئی شخص اپنا یا اپنے کسی دوست کا مکان صرف اس لئے بھول جائے کہ پچھلی مرتبہ چار پائیوں کا اشتہار لگا تھا اور لوٹتے وقت تک وہاں اہالیانِ لاہور کو تازہ اور سستے جوتوں کا مژدہ سنایا جا رہا ہے۔ چنانچہ اب وثوق سے کہا جا سکتا ہے کہ جہاں بحرف جلی ''محمد علی دندان ساز'' لکھا ہے وہ انقلاب کا دفتر ہے۔ جہاں بجلی، پانی، بھاپ کا بڑا ہسپتال لکھا ہے وہاں ڈاکٹر اقبال رہتے ہیں۔ خالص گھی کی مٹھائی ''امتیاز علی تاج'' صاحب کا مکان ہے۔ ''کرشنا بیوٹی کریم'' شالا مار باغ کو اور کھانسی کا مجرب نسخہ جہانگیر کے مقبرہ کو کہا جاتا ہے۔

صنعت و حرفت: اشتہاروں کے علاوہ لاہور کی سب سے بڑی صنعت رسالہ سازی ہے اور سب سے بڑی انجمن سازی ہے۔ ہر رسالے کا نمبر خاص نمبر ہوتا

ہے اور عام نمبر صرف خاص خاص موقعوں پر شائع کیے جاتے ہیں۔ مس سلوچنا اور مس کجن کی تصاویر بھی دی جاتی ہیں۔ اس سے ادب کو بہت فروغ حاصل ہوتا ہے، اور فنِ تھید ترقی کرتا ہے۔

لاہور کے ہر مربع انچ پر ایک انجمن موجود ہے، پریذیڈنٹ البتہ تھوڑے ہیں۔ اس لئے فی الحال صرف دو تین اصحاب ہیں جو اہم فرض ادا کر رہے ہیں، چونکہ ان انجمنوں کے اغراض و مقاصد مختلف ہیں اس لئے بسا اوقات ایک ہی صدر صبح کسی مذہبی کانفرنس کا افتتاح کرتا ہے، سہ پہر کو کسی سینما کی انجمن میں مس نغمہ جان کا تعارف کراتا ہے اور شام کو کسی کرکٹ ٹیم کے ڈنر میں شامل ہوتا ہے، اس سے ان کا مطمع نظر وسیع رہتا ہے۔ تقریر عام طور پر ایسی ہوتی ہے جو تینوں موقعوں پر کام آسکتی ہے، چنانچہ سامعین کو بہت سہولت رہتی ہے۔

پیداوار: لاہور کی سب سے مشہور پیداوار یہاں کے طلباء ہیں جو بہت کثرت سے پائے جاتے ہیں اور ہزاروں کی تعداد میں دساور کو بھیجے جاتے ہیں۔ فصل شروع سرما میں بوئی جاتی ہے اور عموماً اواخر بہار میں پک کر تیار ہوتی ہے۔

طلباء کی کئی قسمیں ہوتی ہیں جن میں چند مشہور قسم ہیں۔ اقسام اول جمالی کہلاتی ہے۔ یہ طلباء عام طور پر درزیوں کے یہاں تیار ہوتے ہیں، بعد ازاں دھوبی اور پھر نائی کے پاس بھیجے جاتے ہیں اور اس عمل کے بعد کسی ریستوران میں ان کی نمائش کی جاتی ہے۔ غروب آفتاب کے بعد ہی سینما یا سینما کے گردونواح میں۔

رخ روشن کے آگے شمع رکھ کر وہ یہ کہتے ہیں
ادھر جاتا ہے دیکھیں یا ادھر پروانہ آتا ہے

شمعیں کئی ہوتی ہیں، لیکن سب کی تصویر ایک البم میں جمع کر کے اپنے پاس رکھ چھوڑتے ہیں اور تعطیلات میں ایک ایک کو خط لکھتے ہیں۔

دوسری قسم جلالی طلباء کی ہے۔ ان کا شجرہ جلال الدین اکبر سے ملتا ہے، اس لئے ہندوستان کا تخت و تاج ان کی ملکیت سمجھا جاتا ہے۔ شام کے وقت چند مصاحبوں کو ساتھ لئے نکلتے ہیں اور جود و سخا کے خم لنڈھاتے پھرتے ہیں۔

کالج کی خوراک انہیں راس نہیں آتی۔ اس ہوسٹل میں فروکش نہیں ہوتے۔

تیسری قسم خیالی طلباء کی ہے۔ یہ اکثر روپ، اخلاق اور آواگون اور جمہوریت پر بآوازِ بلند تبادلۂ خیالات کرتے پائے جاتے ہیں اور آفرینش اور نفسیاتِ غیبی کے متعلق نئے نئے نظریئے پیش کرتے رہتے ہیں۔ صحتِ جسمانی کو ارتقاء انسانی کے لئے ضروری سمجھتے ہیں اس لئے علی الصباح پانچ چھ ڈنٹر پیلتے ہیں اور شام کو ہوسٹل کی چھت پر گہرے سانس لیتے ہیں۔

گاتے ہیں لیکن بے سُرے ہوتے ہیں۔

چوتھی قسم خالی طلباء کی ہے۔ یہ طلباء کی خالص ترین قسم ہے ان کا دامن کسی قسم کی آلائش سے تر ہونے نہیں پاتا۔ کتابیں، امتحانات، مطالعہ اور اسی قسم کے خدشے کبھی ان کی زندگی میں داخل نہیں ہوتے۔ جس معصومیت کو لے کر وہ کالج پہنچتے ہیں اسے آخر تک ملوث نہیں ہونے دیتے اور تعلیم اور نصاب اور درس کے ہنگاموں میں اسی طرح زندگی بسر کرتے ہیں، جس طرح بتیس دانتوں میں زبان رہتی ہے۔

پچھلے چند سالوں سے طلباء کی ایک اور قسم بھی دکھائی دینے لگی ہے۔ لیکن ان کو اچھی طرح دیکھنے کے لئے محدب شیشے کا استعمال ضروری ہے۔ یہ وہ لوگ ہیں جنہیں ریل کا ٹکٹ نصف قیمت پر ملتا ہے اور اگر چاہیں تو اپنی انا کے ساتھ زنانے ڈبے میں سفر بھی کر سکتے ہیں اور ان کی وجہ سے اب یونیورسٹی نے کالجوں پر شرط عائد کر دی ہے کہ آئندہ! صرف وہی لوگ پروفیسر مقرر کئے جائیں جو دودھ پلانے والے جانوروں میں سے ہوں۔

طبعی حالات: لاہور کے لوگ بہت خوش طبع ہیں۔

سوالات

۱۔ لاہور تمہیں کیوں پسند ہے؟ مفصل لکھو۔

۲۔ لاہور کس نے دریافت کیا اور کیوں؟ اس کیلئے سزا بھی تجویز کرو۔

۳۔ میونسپلٹی کی شان میں ایک قصیدہ مدحیہ لکھو۔